Lederskabets egentlighed

Jørgen Panduro

Lederskabets egentlighed

Books on Demand GmbH, Copenhagen,
Denmark

Korrektur: Cand.ling.merc. Louise Lindtoft – censor ved
Bibliotekskundskab og Informationsstudier ved KU og SDU

Publisher: BoD · Books on Demand, Strandvejen 100,
2900 Hellerup, bod@bod.dk
Print: Libri Plureos GmbH, Friedensallee 273,
22763 Hamborg, Tyskland

ISBN: 978-87-7691-319-9

Om forfatteren

Jørgen har arbejdet med og i ledelse hele sit arbejdsliv. Han er oprindelig uddannet oversergent og Idrætslærer i Forsvaret. Udover lederuddannelse fra Forsvaret, så har han også en Akademiuddannelse i Innovation og Ledelse, en Diplomlederuddannelse, en uddannelse i Filosofisk Lederskab og en Master i Business Coaching (MBC), om emnet: Fænomenologi og Protreptik.

Jørgen har 35 års erhvervserfaring med ledelse og uddannelse (Forsvaret 10 år, det private arbejdsmarked 7 år, den kommunale sektor 18 år).

Han er også forfatter til 4 digtsamlinger:
Betydningens Digte, Meaningful Poems, Poems of Reflection og *Digtenes Resonans.*
Han er endvidere medforfatter til følgende bøger/tidsskrifter:
Bogen *The Things I Needed To Say*, skrevet sammen med den amerikanske radiovært og forfatter Monica Lee.
Tidsskriftet *Anagnorisis* - Et tidsskrift for regenerativ filosofi.

Indholdsfortegnelse

Om bogen

Nærværende bog er skrevet til ledere, der har et ægte ønske om at ville ledelse som disciplin og gennem dette ønske skabe et lederskab, der kontinuerligt regenererer i sin egentlighed.

Dertil at lederen er interesseret i at tilegne sig dialogiske evner og færdigheder, så forståelse, nærvær, inklusion og fælles fremdrift stimulerer en kulturel og diskursmæssig sammenhængskraft i organisationens ledelsesmæssige værdier.

Bogens essens er: "Ledelse og lederskabets kerne" – det, jeg kalder for lederskabets egentlighed. Det handler om at trække det frem som ledelse og lederskab består af - dets egentlighed - for at kunne perspektivere ledelse i andre sammenhænge. Når det sker, kan lederen vælge specifikke kompositioner af ledelse baseret på egen egentlighed, som gavner organisationen og dens vision bedst muligt.

Det er desuden vigtigt, at lederen forstår sig selv som menneske for at kunne agere som leder i en given organisation eller kontekst.

Menneske og leder er indlejret i hinanden som en uadskillelighed, og det kræver et godt menneske for at blive en god leder, derfor er indre dialog om egen egentlighed et kardinalpunkt for både at blive en bedre leder, men også et bedre menneske.

Der er overordnet set 4 temaer i bogen:

Ledelse og lederskab	som vilje
Indre dialog og værens identitet	som nødvendighed
Regeneration	som præmis
Protreptik[1]	som dialogisk praksis

Disse 4 temaer er omdrejningspunktet for bogen, og samtidig det, der udgør en fælles ramme for fremtidens ledelse og lederskab, som jeg ser det.

I bogen anvendes der græske og latinske begreber, som naturligvis bliver forklaret. Årsagen er, at når man læser protreptik, som er baseret på en aristotelisk baggrund, så beskrives den bl.a. ud fra græske begreber, som forklarer et bestemt forhold, kontekst eller sammenhæng, der normalt ikke findes som enkelt ord på dansk.

Grunden til jeg anvender dem igennem hele bogen, er at deres værdi eller indholdsmæssige betydning, kan få et tema eller ord frem i ny eller tilhørende relation, og det kan åbne op for nye refleksioner og betydninger af samme ord.

---

[1] Protreptik betyder at vende et menneske mod det væsentlige i dets liv. Kirkeby, Ole Fogh: Protreptik - Selvindsigt og samtalekunst, Samfundslitteratur (2016), s. 37.

10

Det samme gælder alle andre ord og begreber, hvis man undersøger deres etymologi.

Bogens formål er i korte træk at få lederen til at se ledelse som et fænomen, der kræver, at man er bevidst om eget lederskabs egentlighed, og at denne egentlighed bliver genstand for konstant opmærksomhed og regeneration.

Prolog

Ledelse er først og fremmest et begreb, der bliver til gennem menneskelig indsigt og vilje, i betydningen det sker, det får liv, det bliver operativt og det er resultatskabende. Ledelse er også en dydsmæssig kode til, hvordan mennesker, kultur, organisationer og samfund, kommunikerer og agerer i forhold til og med hinanden som kontekstbaserede fænomener i ledelsesregi. Dette sker gennem en diskursiv sproglighed, hvori egentligheden som lederens immanens træder frem som lederskab, både artikuleret, nærværende og som dåd.

Det er ikke nyt, at verden nærmest kontinuerligt står over for livsvigtige udfordringer, som vores lokale og globale samfund har vanskeligheder ved at opdage væsentligheden af og udtænke løsninger til, før det næsten er for sent. Særligt i forhold til store forandringer i verdensbilledet, som med afsmittende effekt ændrer lokale forhold, er ledelse en vigtig faktor for imødegåelse af afledte udfordringer. Her er det vigtigt, at ledelse praktiseret som egentligt lederskab evner at se det emergente i forskellige situationer, og kontinuerligt er operationsparat.

Et godt eksempel var Covid-19-pandemiens fremkomst på verdensplan, som medførte panik, handlekraft uden egentlig gennemtænkt dømmekraft, utilstrækkelige koordinationsevner, ledelse under pres m.m. Fremkomsten kan også beskrives som en emergens, der blev behandlet divergent og konvergent og med de brydninger, der ligger derimellem, hvori nogle af brydningerne blev hindringer for gennemtænkte løsninger.

Det kunne have været håndteret bedre, hvis man havde set anderledes på ledelsesbegrebet, og f.eks. taget ved lære af ledelse fra militært regi, som er vant til at operere med beredskab, klar og kort kommunikation, logistik og koordination som en naturlig del af ledelse[2].

Jeg siger ikke, at emergente situationer kan eller kunne være håndteret perfekt, men der er stor forskel på at være bare en anelse forberedt til at stå i en situation, hvor man ikke ved, hvordan man skal handle. Civil ledelse kunne derfor tage ved lære af vestlig militær ledelse, hvor det giver mening, fordi militæret er vant til emergente situationer.

En anden fordel ved militær ledelse er, at ordrer, som er en form for managementledelse, er et "ikke-personligt" ledelsesværkstøj forstået på den måde, at det er handlingen, der italesættes og ikke mennesket selv, og det betyder, at det enkelte menneske fokuserer på handlingens indhold og ikke på sig selv som person.

---

[2]McKinsey & Company - Lessons from the military for COVID-time leadership:
https://www.mckinsey.com/~/media/McKinsey/Industries/Public%20and %20Social%20Sector/Our%20Insights/Lessons%20from%20the%20militar y%20for%20COVID%20time%20leadership/Lessons-from-the-military-for-COVID-time-leadership.pdf

Dette fokus, er med til at reducere selvmedlidenhed og følelsen af at blive krænket, det bliver så at sige sat lidt i parentes, og det kunne den civile ledelse lære noget af. Dette skisma er vigtig i forhold til ledelse, fordi der bliver brugt tid på handlingens karakter og ikke på at placere skyld, anklage eller nedværdige medarbejderen, men opbygning gennem konstruktiv læring og inddragelse.

Emergente situationer og fænomener ses overalt, og er der, hvor ledelseskapaciteter skal agere og gribe det emergente. Det gælder politiske systemer, konkurrenceevne, bestyrelsesbeslutninger, kommunale vedtagelser etc. Hvis den ledelsesmæssige kapacitet og dannelse ikke er tilstrækkelig, ser man nedbrud, famlen, forhaling inkompetence, manglende samarbejde og kommunikation.

Med det som baggrund og den videre beskrivelse af ledelse samt det forhold at ledelse stort set altid bliver ændret pr. retrogradus[3], så er det min opfattelse, at eksisterende ledelsesparadigmer og ikke er fyldestgørende nok. Ledelse skal derfor gentænkes og regenereres, så de anomalier, der eksisterer og opstår, bliver opdaget i deres vorden. Det vil øge mulighederne for, at ledelse og dens egentlighed bliver en kapacitet der evner at modtage det emergente.

---

[3] Retrogradus er latin og betyder retrograd, bagudrettet, bagudskuende. Fra latin *retrogradus* 'som går baglæns', dannet af retro- og afledning af *gradi* 'skride, gå'.
Kilde: https://ordnet.dk/ddo/ordbog?query=retrograd

Nogle af de primære udfordringer med eksisterende ledelsesparadigmer er, at de er stagnerende, tøvende, der mangler mod og metaopmærksomhed, og der er en misforstået berøringsangst i forhold til at presse eget ledelsesrum, som jeg mener er en forpligtelse.

En af årsagerne til dette er, at ledelse i sig selv mange steder stadig er baseret på gamle managementteorier, forældede ledelsesværktøjer og dogmatisk naivitet. Det medfører, at ledelsesparadigmerne tenderer til at være patologiske i deres substans og dermed også i deres udførelse.

Ledelse skal bl.a. være inddragende, nærværende, fremadskuende, regenerativt, emergent og dialogisk orienteret mod lederen selv og dem, der ledes.

Desuden skal det udføres med indsigtsfuld handle- og dømmekraft, hvis den næste generation af ledere skal løftes ind i den nu mere accelererende verden.

Der tales, ifølge den tyske sociolog Hartmut Rosa, om både teknologisk acceleration, acceleration af livstempoet og acceleration af social forandring, som et sammenknyttet og selvforstærkende feedback-system.[4]

Samtlige accelerationer påvirker også ledelsesbegrebet, men der hvor det har størst negativ indflydelse, er efter min opfattelse i den sociale acceleration, hvor ledelse i dag ikke kun som begreb, men også i en pragmatisk kontekst, ikke

---

[4] Rosa, Hartmut: Fremmedgørelse og acceleration, Hans Reitzels Forlag (2014), s. 38.

rigtig formår at følge med eller i det hele taget at være til stede i. Det virker nærmest som et paradoks, at eksisterende ledelsesparadigmer ikke har tilstrækkelige evner til at kunne følge med de forskellige samfundsaccelerationers overdynamiske emalje.

Der er brug for oprigtig ledelse med en fakticitet og egentlighed, der tager højde for den accelererende verden, og som har et regenerativt blik, der inkluderer ikke kun verden som en social kontekst, men også verden forstået som den jord vi bebor og den natur den indeholder.

Nuværende klimadagsordener og deres foranderlighed er et godt eksempel på, hvordan naturen og klima er tænkt som en regenerativ præmis, der fremadrettet kommer til at være en naturlig del af ledelse og lederskab.

Så i stedet for at ledelse bliver fremmedgjort gennem de forskellige accelerationers tilblivelse og eksponering, så skal ledelse evne at kunne være til stede i accelerationerne, gennem uophørlig regenerativ transformation.

Egentlighed og værensidentitet

Hvis egentligheden i ledelse bliver differentieret synoptisk og ontologisk, kan det give mulighed for at få skabt en ny ledelsesidentitet i både kultur, politik, eksistens og natur. Denne ledelsesidentitet bør bæres frem gennem dialektisk retorik og protreptik med en diskursiv værdighed, og ikke ledes via en antropocentrisk og ledelsesmæssig dogmatisk eller direkte diktatorisk kontekst, som p.t. synes at være indtrængende ledelsesregimer i verden.

Narrativet om et lederskabs egentlighed skal ikke kun være fortællende, det skal også være handlende, så effekten af gode ledelsesfortællinger kommer til at præge ledelse i en fremadrettet kraft gennem tidens accelerationer. Narrativerne skal samtidig udgøre horisontale orienteringspunkter, der har en ægte rettethed mod verden, lande, kulturer og organisationer. Ledelsesnarrativerne kan gengives gennem både fortællinger, handlinger, poetiske skildringer, teater-/musikopførelser, politiske hensigtserklæringer eller malede perspektiver, overleveringsmulighederne er mangfoldige. Det vigtige er, at de kommer frem som fortællinger om det gode for det sunde demokratis og frihedens skyld.

For at kunne initiere tiltag og facilitere langsigtede løsninger kræves der et egentligt lederskab, der kan se væsentligheden i og har viljen til at realisere nødvendige forandringer, så vi som mennesker på kloden kan leve i fredelig sameksistens med os selv og naturen.

Et lederskabs egentlighed er ledelse med ansvarlighed, indsigt og forståelse, et lederskab hvor dømme- og handlekraft er hinandens forudsætninger og hvor forbundethed og fællesskab ses som en styrke.

Det skal være synergidannende og være et forbillede, der tør øge hastigheden mod bedre løsninger, men også undervejs ikke taber for meget af det gode, vi har bygget vores forskellige samfund op på. Dette kan ske gennem et lederskab, der kontinuerligt er årvågent, har visioner, tør og vil ledelse og hvor dialog er en vigtig ressource som en inkluderende faktor, så vi får alle med.

En fælles global tankegang for ledelse som et essentielt værktøj bliver desværre besværliggjort af forskellige kulturer, religioner, politiske regimer og dogmatiske styrer, hegemoni samt sociale og teknologiske udfordringer, hvor lederskab udøves i forskellige former med forskellige præmisser og substans. Det betyder, at et lederskab, uanset præmissen og substansen, har svært ved at trænge igennem, da lederskabet som oftest er en del af kulturen og dets egenartede og konforme standardisering i forhold til dens indlejring i et givent ledelsesparadigme som styringsapparat. Det er derfor tid til at se på lederskab og ledelse gennem en ny optik og analysere substansen.

Her er det tanken, at et lederskabs egentlighed kan være med til at forløse, frisætte og ikke mindst danne ledelse, så det får den dynamik, der skal til for at bryde igennem med et nyt ledelsesperspektiv.

Denne dannelse af ledelse skal være med til at bibringe en anderledes anskuelse af lederskab og ledelse ved at se på, hvad et lederskabs egentlighed består af, hvad det kan, og hvorfor det er nødvendigt med en ny grundlæggende ledelsesmæssig kompetence og viden, der også inkluderer en regenerativ præmis og dialogisk kompetence.

Lederskabets egentlighed kan være med til at skabe et lederskab, hvori ledelse får en ny sammenhængskraft og identitet, der med dets substans frembringer mennesket i lederen i et nyt perspektiv, og dermed bedre definere lederskabet.

Et lederskabs egentlighed bør have en immanent og fremdrivende kraft - en såkaldt sagittal[5] kraft, der gennem ansvarlighed og nysgerrighed for kultur, organisation, samfund og natur som underliggende mål, kan regenerere lederskabet over i en mere utilitaristisk eksistens.

Utilitaristisk her forstået som et pragmatisk og ikke et dogmatisk begreb.

---

[5] Sagitta er latin og betyder pil.
Săgitta -ae, *f.* en pil; *(digt.) meton.* sår af en pil.
Kilde: https://latinskordbog.dk/ordbog?query=sagitta

Vi skal væk fra den antropocentriske tankegang, som har ført menneskeheden frem til det sted, vi og verden befinder sig i nu, hvor egocentri skal afløses af ydmyghed og dialogiske færdigheder.

I tillæg er det tanken, at lederskab, set i en bestyrket forståelse, kan være med til at indgyde en mere indsigtsfuld, etisk og dramaturgisk sans, der kan være med til at bringe det ind i et transcenderet narrativ i forhold til nuværende og ældre ledelsesparadigmer. Ved denne manøvre får lederskabet mulighed for at resonere i en ny perception, med klang i dets egenartede værensmåde, så apperception giver grobund for tænkningen omkring lederskabet.

Med lederskabet sat i relief gennem en fortælling, hvor lederskabets egentlighed vejer tungere end de mere kontrollerende og kyniske ledelsesmæssige instrumenteringer og managementmetoder, kan det være med til at skubbe til den emergens, der ligger i fortællingen. Dermed bliver der mulighed for, at det kan blive en katalysator for ledelsesmæssig orientering, hvor mennesket som ledelsesfacilitator, og menneskesynet generelt ift. det at lede, får lov til at fylde mere end fortællingen om de eksisterende normative ledelsesbegreber.

Et lederskabs egentlighed rummer også en spændstighed - noget brisant, der via nysgerrighed, indlevelse, abstraktion og refleksion giver lederen mulighed for at spejle sig selv og sit lederskab. En spejling, der kan sammenlignes med "Fyrstespejlet", hvor fyrsten ikke ser det, han er, men det han bør blive for at være sit spejlbillede værdigt.[6] Dynamikken i spejlingen tilbyder desuden lederen en hermeneutisk forståelsesramme, hvor bestyrkelse kan være med til at transformere ledelse, som det opfattes i samtiden, og dermed mulighed for at perspektivere eget lederskab i forståelsen af at det bliver udvidet, får større rækkevidde, effekt og indsigt.

Lederskab i dag mangler en form for samlet værens-identitet, der inkluderer følgende fire værensidentiteter:

- lederen i sig selv
- mennesket i sig selv
- lederen i mennesket
- mennesket i lederen

Manglen ligger i, at der er for meget fokus på lederen i sig selv og lederen i mennesket, og ikke på de to andre værensidentiteter eller alle fire som en samlet værensidentitet, som vil være det optimale.

Hvis præmissen for et lederskab er at opnå en samlet værensidentitet, så er det nødvendigt med et bestyrket ledelsesperspektiv, der via den pragmatiske utilitarisme kan

---

[6] Kirkeby, Ole Fogh et al.: Proteptik – filosofisk coaching i ledelse, Samfundslitteratur (2010), s. 150.

fostre de kvaliteter, lederskabets egentlighed bør bestå af, for at kunne løse verdens nye og fremtidige udfordringer. Med andre ord bør lederskabet genfødes i fornyet form - altså regenereres.

Det er hensigten at genopdage lederskab og ledelse som fænomener, men også give en ny legitimitet gennem deres egentlighed som en form for ledelsesbegreb.

Det bliver naturligvis en udfordring at sætte et nyt ledelsesbegreb på den ledelsesmæssige dagsorden som et egentligt ledelsestankesæt og ikke mindst lederskabspraksis. Men tanken er, at ledelsesbegrebet ikke kun skal supplere eller erstatte kendte ledelsesbegreber, det skal især være en ny måde at tænke ledelse på i forhold til dets utilitaristiske og etiske natur.

I lederskabets regenerative egentlighed ligger der implicit også en ontogenetisk impuls, som indikerer at der i ledelsesbegrebet er en værensfortælling, et ontologisk potentiale, der giver mennesket i lederen mere intuitiv styrke, men også frigør lederskabet, så det bliver mere inddragende og kulturelt ændret til fremtidige udfordringer. Ved samtidig tilstedeværelse af alle fire værensidentiteter bliver der større mulighed for at penetrere utilstrækkelige, ledelsesbegreber. På den måde bliver der skabt grobund for, at der kan opstå en ny lederskabskultur.

Ledelse

Når man skal beskrive et begreb eller ord, giver det god mening at starte med at se på dets oprindelse, så substansen, meningen og betydningen af begrebet bliver sat i perspektiv og dermed bliver genstand for bedre forståelse, anvendelse og kohæsion. På den måde bidrager etymologien (begrebets egentlighed) til en bevidsthedsudvidelse i begrebsmæssig sammenhæng. Man kan også sige, at begrebet bliver genopdaget i dets oprindelige betydninger, får en regenerativ effekt, så det optræder på en ny eller anderledes måde end tidligere opfattet, og dermed får det nærmest en fænomenologisk ekstension.

Ledelse er afledt af *at lede*:[7]

- Etymologisk er det beslægtet med det oldfrisiske lêda, oldsaksisk lêdjan, det oldhøjtyske leiten, leittan, tysk leiten og oldnordisk leiða. Begrebet betyder vej eller rejse.
- norrønt leiða, engelsk lead afledt af lide 'gå'
- norrønt leita, gotisk wlaiton 'se sig om

Som det fremgår, har begrebet ledelse indtil flere betydninger, hvor de hver især tilføjer begrebet mening og betydning i forskellige sammenhænge. Som samlet etymologisk betydning kan ledelse siges at bestå af noget

---

[7] Nielsen, N. Å: Dansk Etymologisk Ordbog, Gyldendal (2008) s. 257

nysgerrighed og opdagelse, men også det at lide, både som lidelse og som passion. Disse begreber kan henføres til de græske begreber periérgeia (nysgerrighed), anagnórisis (opdagelse), peripéteia (åbenbaring/emergens) samt Pathos (lidelse/passion). Disse begreber kan samles i det græske begreb igesia (lederskab).

Når de græske begreber omkring ledelse og lederskab introduceres her, så er det fordi, der senere i bogen tales om ledelse og protreptik. Protreptik er et græsk begreb, der kort betyder "at vende imod". Det er en dialogisk samtaleform, som den græske filosof Aristoteles (384-322 f.v.t.) bl.a. brugte til at vejlede hærføreren og lederen Alexander den Store (334-325 f.v.t.). I protreptikken henvises der bl.a. til metoder, hvori mange af dem indeholder græske begreber.

Lederskab

Lederskab kan kort beskrives som en måde, metode, idé, strategi eller væren i forhold til det at lede nogen eller noget mod et givent mål, som en konkretisering af en vision.

Et lederskab består således af den samlede ledelses-mæssige kapacitet og egenskaber hos den enkelte leder og mennesket bag - lederskabets egentlighed.

Den almene tilgang til at beskrive ledelse gennem en lederfunktion er enten via det danske ord lederskab eller den engelske betegnelse management, men der er væsentlig forskel på de to begreber.

Når der tales om ledelse i denne bog, er det ud fra begrebet lederskab (eng. leadership), da den repræsentation i større grad tilbyder det menneskelige og utilitaristiske aspekt af ledelsesbegrebet i modsætning til begrebet management[8]. Managementbegrebet kan karakteriseres som den administrative, nøgterne, kontrollerende eller måske endda kyniske del af ledelse, der i nogle tilfælde kan tendere til machiavellisme[9] og autokrati.

Denne betragtning medfører, at managementperspektivet fortrinsvis er ledelse gennem kontrol, ordrer, nøgletal, styring etc. Dette perspektiv kan stadig kan være en del af et lederskab, som nødvendighed for at organisatoriske enheder skal kunne operere hurtigt og effektivt, men det må ikke blive en ledelsesmæssig dyd i sig selv, det skal være en del af et lederskab, som tydeliggør nødvendigheden af dette perspektiv.

I managementperspektivet har det menneskelige islæt desuden svære betingelser som en egentlig kompetence og kraft, set ud fra et humanistisk udviklingspotentiale.

---

[8] Management er fra engelsk *management*, afledt af *manage* 'styre, forvalte' fra italiensk *maneggiare* egentlig 'føre ved hånden', afledt af latin *manus* 'hånd', beslægtet med manege.
Kilde: https://ordnet.dk/ddo/ordbog?query=management

[9] Machiavellisme, skrupelløs, amoralsk og magtorienteret holdning til politik, hvorved statens interesser sættes over alt andet, og hvor "hensigten helliger midlet".
Kilde: Danmarks Nationalleksikon – lex.dk

Derfor bør managementperspektivet i et lederskab, blødgøres og tilpasses, så det understøtter lederskabet, og ikke lægger en dæmper på egentligheden i både leder og medarbejder.

Derfor fortæller managementbegrebet heller ikke noget om ledelse i sig selv i forhold til det menneskelige perspektiv, det udgør snarere et ledelsessprog, der bygger på kommandoer fremfor samtaler og dialoger, det handler mere om oversigt, fremfor indsigt og udsigt og er mere artificiel end menneskelig.

Med denne mindre skelnen mellem de to ledelsesbegreber er perspektivet sat på det at have menneskelig indsigt og inddragelse i forhold til ledelse, da potentialet i det at lede ligger i de menneskelige værdier, værensidentiteter, egenskaber og ressourcer, dvs. udøvelse af lederskab.

Det interessante er så, hvordan ledelse udøves og hvordan lederen agerer som menneske, for ledelse er både en kompliceret og samtidig en konstant udfordret disciplin.

Ledelse kræver årvågenhed, behændighed og adaption og ikke mindst evnen til at se udviklingspotentiale i selve lederskabet, når omverdenen enten direkte eller indirekte kræver det gennem emergente nødvendigheder og væsentligheder.

For at kunne skabe ledelse med høj valens, er det derfor essentielt, man kender sig selv som menneske, kender sig selv som leder, kender lederen i mennesket og ikke mindst mennesket i lederen som en samlet værensidentitet, som tidligere nævnt.

Fra definitionen af ledelse, kan vi se, at det bl.a. betyder at se sig om, altså en form for nysgerrighed og indsigtsvilje. Det betyder også noget, med vej og rejse, det vil sige noget, dynamisk, noget der er i bevægelse, noget, der emergerer. Det betyder også at lide, det vil sige have passion for ledelse men også i forstanden lidelse, for det at lede kan også være en lidelse, hvor lederen indimellem bliver tvunget til at tage beslutninger, som ikke altid er populære, eller bliver overbebyrdet, så udøvelsen af ledelse bliver vanskeliggjort.

Hvis vi inddrager filosoffen Immanuel Kant, så har han beskrevet lidenskaberne på en interessant og lidt underholdende måde, og han nævner blandt andet:

" Eftersom lidenskaberne uden vanskelighed parrer sig med selv den roligste refleksion, er det let at se, at de ikke er ubesindige på samme måde som affekterne, og heller ikke hverken stormfulde eller flygtige: Der er snarere tale om, at de slår rod og sågar er i stand til at bestå sammen med anvendelsen af tankevirksomhed".[10]

---

[10] Kant, Immanuel: Hvad er mennesket? -Antropologi i pragmatisk perspektiv, Informations Forlag (2015), s. 203.

Det, jeg udlæser af Kants beskrivelse af lidenskaberne, om det så er lidelse eller passion, er, at de helst ikke skal slå rod uden anvendelsen af tankevirksomhed, for så mistes overblikket og metaopmærksomheden i selve lederskabet og egentligheden fastlåses.

Definitionen af ledelse er altså mangfoldig, hvilket betyder at begrebet i sig selv er en kompleks entitet, som kræver bevidsthed om de 4 værensidentiteter.

Tilfangetagelse af ledelsesbegrebet

I nutidige ledelsesparadigmer, regimer, diskurser og konstruktioner lider ledelsesbegrebet under en tilfangetagen, hvor det som gidsel bliver sat under et andet begreb, nærmest som et diminutivt bi-begreb, som f.eks. værdibaseret ledelse, personligt lederskab, situationsbestemt ledelse, organisatorisk ledelse, relationel ledelse m. fl. Siden hvornår har et lederskab ikke været værdibaseret, personligt, situationsbestemt, organisatorisk eller relationelt?

Ledelsesbegrebet i sig og for sig bør være det primære begreb, hvortil man kan spørge sig selv, hvilke andre begreber, der kan eller skal bruges i tilknytning til udførslen af ledelse, men som underbegreb, for ledelse kan ikke defineres gennem et enkelt begreb.

Her er lederskabets egentlighed vigtig i forhold til analyse af den givne ledelsessituation, for at kunne vurdere, hvilken form/former for ledelse, der skal udøves. Herunder er timing, mængde og tyngde essentielle faktorer.

Men vigtigst af alt er et kontinuerligt bevidsthedsmæssigt blik og tanke på de 4 værensidentiteter, ledelsens komplekse entitet samt substansen i lederskabets egentlighed.

Det handler altså om, hvad ledelsesbegrebet indeholder og kan tilbyde via dets egentlighed, og ikke at tilfangetage det i et enkelt begreb eller paradigme, det bliver for endimensionelt, fattigt og non-regenerativt. Det er ikke ledelsesbegrebet værdigt at skabe bestemte rigide låsninger af ledelse som disciplin, det er det alt for komplekst til, og det giver ikke mening og betydningen udviskes.

Når ledelsesbegrebet bliver taget som gidsel under og i et andet begreb, og ledelsen i sig selv bliver en sekundær præmis for fremhævelse af det styrende begreb, så bliver det en form for iangsttagelse[11] i stedet for modtagelse og frisættelse.

Ledelse som begreb og manifesteret som disciplin er først og fremmest noget, der vælges til. Ledelse vælger ikke en leder, men et menneske og dets egentlighed kan vælge ledelse, og hvis det er et valg, så forpligter det. At være leder forpligter menneskes egentlighed til at varetage,

---

[11] Begrebet "langsttagelse" er en neologisme skabt af forfatteren.

modtage og fritage ledelse på samme tid. Det vil sige, at ledelsesbegrebet får den frihed, der skal til, for at lederen selv ikke bliver fanget i en bestemt ledelsesoptik.

Ledelse bliver dermed en behændig egenskab, der nærmest udvikler resistens overfor forandringer, fordi det er frigjort til at indeholde det, der skal til, for at det til stadighed er et operationelt begreb, der via egentlighedens egenskaber er i stand til at regenerere og er en del af de samfundsmæssige accelerationer.

Når ledelse ikke længere er operationelt, så er både målsætninger, strategi og visioner ligegyldige, for de kan ikke eksistere uden ledelse. Det vil sige at lederskabets egentlighed implicit er en frisættende og tilstedeværende kvalitet for ledelsesbegrebet. Det betyder samtidig, at hvis det enkelte menneskes egentlighed ikke passer ind i ledelse som disciplin, så bør man ikke vælge ledelse som fag eller arbejde.

Lederskabets egentlighed

Egentligheden i et lederskab er et menneskeligt særpræg, der frigør det fra andetgørelse - det uegentlige, man kunne også kalde det for et lederskabs singularitet (det markant særegne), der giver et lederskab dets form, udtryk og identitet.

Begrebet "andetgørelse" eller "fremmedgørelse" er et vigtigt tema for en leder, da ledelse, lederskab og dermed lederen kontinuerligt bliver udsat for fremmedgørelse. Det sker både kulturelt, organisatorisk, værdimæssigt og i forhold til relationer. Denne fremmedgørelse sker bl.a. gennem både teknologiske, etiske og sociale accelerationer. Det betyder, at hvis ledelse som disciplin ikke formår at regenerere, så bliver det tidsligt fremmedgjort og dermed en deceleration af ledelse.

Jævnfør filosoffen Martin Heidegger, så beskrives egentlighed sådan:

Egentlighed er en særlig måde, som mennesket kan eksistere på. Et menneske eksisterer egentligt, når det handler ud fra sine egne valg og har frigjort sig fra den fremmedgørelse eller "uegentlighed", der består i blot at leve, som de andre eller "man" gør; men samtidig er mennesket sig bevidst, at fremmedgørelsen aldrig kan ophæves fuldstændigt.[12]

---

[12] Danmarks Nationale Leksikon – Kilde: https://lex.dk/egentlighed

Min tolkning og opfattelse af Heideggers udlægning af egentlighedsbegrebet er, at det i sin substans er symboliseret ved en singularitet, der indeholder en bevidsthed om egne kompetencer, fremtræden, samvittighed og autenticitet. Men det er en singularitet, der kontinuerligt skal arbejdes med, da, som Heidegger påpeger, fremmedgørelsen aldrig ophæves. I det udsagn ligger der implicit, at friheden i bevidstheden altid vil være inden for rækkevidde, uden at den egentlig opnås. Friheden bliver dermed en uendelighed, som både menneske og leder altid vil balancere på i fremmedgørelsens kontinuitet.

Begrebet egentlighed

Begrebet egentlig(hed) kommer fra det tyske ord "eigentlich(keit),[13]" der betyder ejendommelig eller "har til ejendom", og det er netop det ejendommelige, særegne eller karakteristiske ved et menneske, der afspejler dets måde at lede på. Men denne ejendommelighed skal kunne hvile på et ontologisk aspekt, som gør ledelse mulig gennem de karakteristika, der ligger i egentligheden.

Egentlighed udtrykt som det enkelte individs særegne adfærd skal ses som de kvaliteter og egenskaber, det enkelte menneske besidder af værdier, indsigt, dyder og kapacitet, og som giver en karakteristik af netop det

---

[13] Kilde: Nielsen, N. Å: Dansk Etymologisk Ordbog, forlag: Gyldendal. (2008), s. 104.

menneskes egentlighed, og dermed det lederskab som
bedrives gennem de kvaliteter.

Den egentlighed, man som menneske er født og opdraget
med, det man har skabt om sig selv samt påvirkningen fra
social arv, relationer, kulturer og medier etc., kan være med
til at legitimere et lederskabs substans, så længe indholdets
kapaciteter er relevant for ledelse. Denne legitimitet er med
til at give lederskabet en eksistentialitet. En væren, som bør
være en egentlighed, der kontinuerligt udfordres og
revideres i forhold til relationer, omgivelser, kultur og
organisation, og ikke mindst i affinitet til en selv. Det vil
medføre, at lederskabets egentlighed ikke bliver en levende
anakronisme, men en frisat og agil kompetence og
egenskab, der kontinuerligt regenererer.

Begrebet "egentlig" bliver i hverdagskontekster brugt i
mange sammenhænge, hvor det normalt skal konsolidere
noget, ofte som udsagn, der er ubetingede, konstaterende
eller fastlæggende.

Følgende egentlighedsformuleringer er formentlig kendt af
de fleste, om ikke andet med nogle andre ord. Her er fire
eksempler på egentlighedsudsagn:

1) "Det, som egentlig blev sagt, var"
2) "Det var egentlig en god vin"
3) "Egentlig er magt et spørgsmål om ansvarlighed"
4) "Egentlig er det ejendommeligt"

I første formulering bliver det egentlige tilskrevet en form for realitet eller endog sandhedsværdi - det reelle.

I formulering nummer to bliver det tilskrevet en form for fakticitet eller konstatering, "altså, det er sådan det forholder sig, men fra egen oplevelse" – nærmest et aksiom.

I formulering nummer tre er der også tale om en form for konstatering, hvis formuleringen står tilbage som et retorisk spørgsmål. Hvis ikke, så bliver det egentlige draget i tvivl, og det medfører, at det egentlige bliver uegentligt, det bliver fremmedgjort.

I formulering nr. fire bliver det egentlige til sig selv for sig selv gennem et synonymt begreb.

Heraf kan vi se, at begrebet har flere forskellige betydninger, der lapper ind over hinanden, og det er med til at perspektivere begrebet. Men i hverdagslogikken tænkes der nok ikke så meget over begrebets ekstension, men det bør man i et lederskab, her må der ikke være tvivl.

Derfor giver det også mening at undersøge og tale om, hvad der egentlig er i egentligheden, for det er indholdet i egentligheden, der afspejler, hvilken leder man er, og her introducerer jeg begrebet "i-egentlighed"[14].

---

[14] Begrebet "I-egentlighed" er en neologisme skabt af forfatteren.

I-egentlighedens afspejling af lederskabet

I-egentlighed som begreb er beskrivelsen af en egentligheds indholdsmæssige kerne - selve substansen.

Ser vi på de førnævnte egentlighedsudsagn, så er deres indhold kun med til at beskrive i-egentligheden overfladisk, og derfor er der brug for en mere normativ beskrivelse af egentlighedens substans.

En egentlighedskarakteristik divergerer naturligvis fra menneske til menneske, og er sjældent ens, da sammensætningsmulighederne nærmest er uendelige i forhold til eksisterende begreber, og den genselektion, man er født med. Det er de karakteristika, der er med til at give mennesket en form for identitet, måden man opfatter det enkelte menneske og dets egentlighed på. Det samme gør sig gældende for et udøvet lederskab.

Når en egentlighed opleves hos et menneske, så vil oplevelsen divergere, afhængigt af, hvem der oplever det, men der kan naturligvis også være sammenfaldende oplevelser. Det betyder, at en leder kan opleves forskelligt af sine medarbejdere, afhængigt af dennes adfærd og hvordan et lederskab udtrykkes, fordi adfærd, handlinger og sprog, kan have forskellige betydninger for forskellige mennesker. Generelt bør der dog være nogenlunde konsensus om, hvordan en leder opfattes af sine medarbejdere. Derfor bør en leder have evnen til at kunne lede med forskellige metoder og kontekster, afhængigt af hvem lederen står over for, og dermed også vide, hvordan det enkelte menneske bør ledes. Dette kræver, at man er bevidst om sine værensidentiteter og er i stand til at udøve ledelse gennem selve lederskabets egentlighed uden det bliver tilfangetaget i et enkelt ledelsesregime.

I en ledelsesmæssig optik er det også vigtigt, at lederen selv er opmærksom på sin egen egentlighed, det vil sige er bevidst om egen fremtoning gennem sprog og adfærd, og effekt heraf. Derfor skal egentligheden være under kontinuerlig opmærksomhed, så den udvikler sig i forhold til omverdenen, altså en sund refleksion over eget lederskab, og dermed en refleksion over egen egentlighed. Det vil medføre en bevidsthed om egen bevidsthed, men også en bevidsthed om, hvordan andre ser mennesket som leder.

I-egentlighedens 8 kapaciteter i et lederskab

De begreber som i-egentligheden i et lederskab bør bestå af, vil der nok være mange forskellige meninger om, afhængigt af hvem man spørger, og det er naturligt nok, da ledelse opfattes forskelligt, men der vil nok også være nogle grundlæggende sammenfald.

I-egentlighedens substans i et lederskab vil jeg her benævne som værende kapacitet (fra latin *capacitas* (genitiv *-atis*) 'plads, rum', afledt af *capere* i betydningen 'rumme')[15], for

---

[15] Den Danske Ordbog: https://ordnet.dk/ddo/ordbog?query=kapacitet

det handler om at kunne rumme eller omfatte indtil flere kapaciteter bl.a. værensidentiteterne. Andre begreber kunne være evner, egenskaber, talent eller dygtighed.

Når jeg vælger begrebet kapacitet, så er det fordi, det også har indlejret færdighedsbetydninger som begavelse, kyndighed og præstationsevne, begreber som er vigtige i et lederskab.

I et lederskab udgør kapaciteterne således en form for moralsk kodeks og adfærd, det vil sige lederens måde at artikulere, agere og operere på.

De kapaciteter som jeg mener bør være i en leders i-egentlighed, er valgt ud fra egen optik i relation til egen ledelseserfaring, uddannelser, eksisterende teori samt eksterne input og udsagn samt ledelsesmæssige oplevelser.

De nævnte nødvendige kapaciteter er uden taksonomi, og under hver kategori tilskrives de også nærliggende begreber.

Derudover trækker jeg også Daniel Golemans[16] begreb følelsesmæssig intelligens indover, forkortet på engelsk som EQ (emotional quotient), da der er nogle væsentlige opmærksomhedspunkter indenfor det område, der besidder en form for inderlighed eller emotionel kapacitet, som rører ved egentligheden set fra et heteroentisk synspunkt.

---

[16] Goleman, Daniel: Ledelse med følelsesmæssig intelligens – udvalgte tekster, Gyldendal Business (2014).

Daniel Golemans begreb består kort skitseret af fire nødvendige kompetencer, som skal være til stede og kunne beherskes, hvis kriterierne for at være følelsesmæssig intelligent skal opfyldes, og her naturligvis set ud fra en ledelsesmæssig kontekst. Kompetencerne er:

1) Selvbevidsthed
2) Selvstyring
3) Social bevidsthed
4) Relationsstyring

Det er de kompetencer, som hos Goleman kendetegner en professionel leder eller topleder.

For at udvide kriterierne, så de bliver operative i forhold til ledelse, så taler han om lederskabets effekt og herunder hvilke "ledelsesstile", der kan bruges, når de fire kompetencer beherskes. Ledelsesstilene er: Den visionære ledelsesstil, den coachende ledelsesstil, den støttende ledelsesstil, den demokratiske ledelsesstil og den autoritære ledelsesstil. Jeg vil ikke her gå nærmere ind på de forskellige ledelsesstile, men blot her gøre opmærksom på, at jævnfør det, jeg har skrevet tidligere, så er det i min optik tilfangetagelse af ledelse som begreb, når man isolerer det i et andet begreb. Min pointe er her, at ledelsesstilene kunne være beskrevet som en metode, hvor man behersker samtlige "ledelsesstile", som f.eks. ledelse gennem emergent genealogi, altså hvor ledelse skabes gennem det, som opstår hos den enkelte medarbejder, teamet, organisationen og kulturen generelt set. Det vil sige lederen agerer som styrmand, jævnfør begrebet selvstyring fra EQ, men i en kybernetisk forståelse.

Jeg er med på præmissen om, at begrebet "ledelsesstil" rent pædagogisk kan være med til at fremme forståelsen, men i hvilken udstrækning skal de enkelte "ledelsesstile" sekvenseres, doseres, times og ikke mindst vægtes og værdisættes ift. til forskellige ledelsesmæssige udfordringer? Der er også andre begreber, som kunne henføres under begrebet ledelsesstil, som er relevante, jeg nævner her kulturel ledelse, kapacitetsledelse, ansvarlighedsledelse, kompetenceledelse og der kunne nævnes mange flere, som er lige så relevante.

I-egentlighedens 8 kapaciteter for en leder og lederskab er:

- Besidde autenticitet
- Praktisere heteroenticitet[17]
- Være nærværende
- Udøve behændighed
- Anstille dømme- og handlekraft
- Aspirere til værdighed
- Artikulere dialektisk[18] kapacitet
- Have fokus på mål og resultater

Besidde autenticitet

Autenticitet udgør en form for ægthed eller virkeliggørelse af lederen, som kan være med til at give en tillidsvækkende og tryghedsskabende fornemmelse, i forstanden af at her er en leder, man kan stole på. Det vil sige ingen skjulte dagsordner, men en overbevisning om, at man bliver taget seriøst i sit arbejde og ved henvendelser.

Det er vigtigt, at lederen er påpasselig med, at autenticiteten ikke kommer til at blive opfattet som arrogance eller egocentri, men netop som oprigtig autenticitet.

---

[17] Begrebet "heteroenticitet" er udviklet af professor i ledelsesfilosofi Ole Fogh Kirkeby. Det betyder: At være på den andens vegne.
Kirkeby, Ole Fogh et al.: Proteptik – Selvindsigt og Samtalepraksis, Samfundslitteratur (2016), s. 173.
[18] Ordet dialektik er en forkortelse af græsk dialektike techne 'kunsten at samtale, diskutere', af dia- og legein 'tale'.
Kilde: https://lex.dk/dialektik

I kapaciteten ligger også begreberne respekt, anseelse og visdom.

Fra emotionel intelligens kan selvbevidsthed henføres hertil.

Praktisere heteroenticitet

Heteroenticitet betyder kort, at man er til stede på den andens vegne i mødet med den anden og udviser oprigtig interesse for denne.

Begreberne generøsitet, nysgerrighed og opmærksomhed er grundlæggende her.

Når man har en heteroentisk forholdemåde, skabes der et helt specielt rum for det at samtale. Det sker gennem opdagelsen af selve begivenheden i samtalen, som et univers, hvor nysgerrighed og tryghed er i synergi. Det kan også refereres til som værende en opløftende forholdemåde eller eleverende samtale.

I kapaciteten ligger også fortrolighed og nærvær som en del af det særlige rum i samtalen, men også det at kunne udvise empati og sympati som nærværende opmærksomhedszoner med forskellige kvaliteter.

Heteroenticitet er en vigtig egenskab hos en leder og er med til at betegne ledelse som lederskab, i betydningen at ledelse har med mennesker at gøre.

Fra emotionel intelligens kan alle fire kompetencer (selvbevidsthed, selvstyring, social bevidsthed og relationsstyring) henføres hertil.

Være nærværende

Nærvær i et lederskab er meget mere end det at blive set og bemærket, det vil indirekte også være en anerkendende gestus, da nærvær gennem heteroenticitet vil opleves som en ægte interesse for de ansatte som mennesker, deres indsats, kapacitet og udviklingspotentiale, og dermed som en vigtig del af organisationen og deres egen enhed.

Under denne kapacitet ligger begreberne fællesskab og forbundethed, det at man både ser og oplever sig selv som en del af en større kontekst, og at den kontekst er noget, man ønsker at bidrage til.

Fra emotionel intelligens kan social bevidsthed og relationsstyring henføres hertil.

Udøve behændighed

I et ledelsesmæssigt perspektiv ser jeg behændighed, som det at kunne begå sig i en organisatorisk kontekst, hvor "fremsyn, næste skridt og hvad er på færde", altså emergens, er noget man har fornemmelse for, så lederskabet kan tilpasses til kommende udfordringer.

En af betydningerne af ordet adræt, som er beslægtet med behændighed; er "godt ledet", og ord i nærheden af behændig er eksempelvis, virtuos, agilitet, graciøsitet, skønhed og ferm.

Når en leder opfattes som behændig, kan det være med til at motivere de ansatte, da de ser lederen gå forrest og anstrenger sig for at lykkes, og her kommer begreber som rollemodel og forbillede ind.

Fra emotionel intelligens kan selvstyring henføres hertil.

Anstille dømme- og handlekraft

Hvis en leder opfattes som handlekraftig, så er det normalt betragtet som en leder, der får tingene gjort, en der tager action og viser sit ansvar. Det betyder, at udøvelsen af dømme- og handlekraft er forbundet med ansvarlighed, og ansvarligheden hænger nøje sammen med dømmekraften, som igen afspejles i handlekraften, for i enhver handling ligger der en bedømmelse inden den udføres, og i den ligger det ansvarlige/uansvarlige.

Det er desuden en leders særlige pligt at få handle- og dømmekraft til at agere som komplementære størrelser og hinandens forudsætninger.

I denne kapacitet ligger også begreberne retfærdighed, alvorlighed og tillid.

Aspirere til værdighed

Værdighed er et ledelsesmæssigt begreb, som lederen kontinuerligt skal gøre sig fortjent til. Det er en agtelse, som giver et lederskab autoritet og pondus, og det kommer ikke af sig selv. Det vil være summen af de mange begreber, som i-egentligheden består af, samt regeneration af samme.

Værdighed skal bæres heteroentisk, og det må ikke blive for højtideligt, for æren af værdighed skabes gennem andre, da værdien af en leder skal kunne mærkes af dem, der ledes, ellers forsvinder værdigheden. I denne kapacitet ligger også begreberne selvtillid, selvsikkerhed og selvfølelse. Fra emotionel intelligens kan selvbevidsthed henføres hertil.

Artikulere dialektisk kapacitet

At kunne artikulere gennem dialektisk kapacitet er en måde at kommunikere på, som er både inddragende, opmærksomhedssøgende og fremsynsdrevet. Eftersom det er en dialogform, så er den også forbundet med fællesskab, da dialogisk kapacitet netop søger muligheder og løsninger med parterne i dialogen.

Den dialektiske samtalekunst læner sig op ad protreptikken, som bliver beskrevet senere i bogen.

Fra emotionel intelligens kan selvstyring og relationsstyring henføres hertil.

Have fokus på mål og resultater

Skåret helt ind til benet, så skal ledere levere resultater, om det så er forsvar af eget terræn i en krig, skabe kulturel værdi for borgere i en kommune, give behandlingsgaranti på et hospital eller løse politimæssige opgaver til gavn for samfundet. Ledelsesmæssige resultater er mangfoldige og målbeskrivelserne for dem er ikke altid lette, hvis målene ikke lige kan måles og vejes.

Det, der er vigtigt for lederen selv, er opmærksomheden på målopfyldelsen i forhold til de krav og kriterier målbeskrivelsen indeholder. Er lederen i tvivl om disse bør lederen gøre opmærksom på det, så ledelsen mod målet ikke bliver utydelig og derved vanskelig at overholde. Målbeskrivelser bør være så konkrete som muligt, så muligheden for fortolkning mindskes.

Der skal også være en sammenhæng mellem vedtagne mål og visioner, så både ledere og medarbejdere forstår helheden og dermed retningen.

Lederen skal også have opmærksomhed på, hvilken tidshorisont, der arbejdes med for at opnå organisationens mål, og sammenholde den med den virkelige indsats, og herunder kunne justere, hvis man er bagud. Samtidig skal der gøres opmærksom på det til nærmeste leder, så der evt. kan justeres eller finde en fælles ny vej mod målet.

Det er derfor vigtigt, at målbeskrivelserne formuleres til den lokale enhed i organisationen, så alle medarbejdere og kollegaer forstår dem. Hvis lederens kommunikations- og formidlingsevne formår at sætte målene i perspektiv, så vil det være et af de forhold, der er med til at skabe forbundethed og fællesskabsfølelse og dermed blive narrativskabende.

I denne kapacitet ligger begreberne retningsfornemmelse, overblik, styring og fasthed. Her ser vi nogle begreber, der ligger mere ovre i managementledelse, men de er stadig skabt i fællesskab og med fælles bidrag, så ledelsen stadig har en humanistisk tilgang, og derfor bliver en del af lederskabet.

Fra emotionel intelligens kan alle fire kompetencer (selvbevidsthed, selvstyring, social bevidsthed og relationsstyring) henføres hertil.

De 8 kapaciteter, jeg har lagt til grund for i-egentligheden i egentligheden, er det, som jeg mener, en leder som minimum skal have i sin egentlighed. Det vil sige, det lederen kan se og mærke, når denne spejler sit selv i andre og sig selv.

De 8 kapaciteter behøver ikke nødvendigvis at have lige stor kraft i i-egentligheden, men alle kapaciteter bør være til stede i en eller anden udstrækning.

Hvordan finder man så ud af, om det er kapaciteter, man selv besidder som leder eller aspirerende leder?

Der er ikke som sådan en facitliste, der kan tjekkes af, men ved at læse de 8 kapaciteter igennem og derefter reflektere over sit eget lederskab og sætte det i perspektiv i forhold til indsigt i de fire værensidentiteter samt metabevidsthed om sig selv som menneske, så får man et perspektiv at arbejde ud fra. Det kan bl.a. ske ved at reflektere over tidligere handlinger, situationer, relationelle forholdemåder, artikulationer, og ved at tænke over medarbejderes og egen leders reaktioner samt de resultater, man har skabt og hvordan de er skabt. Sker det, så er det min overbevisning, at man som leder vil opdage sit lederskab i et nyt lys og måske adoptere og indarbejde nogle af kapaciteterne, hvis de ikke allerede er til stede.

Således er i-egentlighedens kapaciteter en form for ledelsesmæssig uendelighedsdannelse gennem samfundsaccelerationer og fremmedgørelse. Erhvervsfilosof Kim Gørtz skriver således om dannelse:

Det kræver vilje og karakter at være leder og samtidig at kunne varetage den mening som stemmer overens med virkeligheden. Men det kræver først og fremmest dannelse.[19]

[19] Gørtz, Kim: Den filosofiske præstation, Danmarks Pædagogiske Universitets Forlag (2007), s.83.

Lederens værensidentitet

De 4 værensidentiteter er allerede blevet berørt tidligere i bogen, hvor vigtigheden af kendskabet og forståelsen af den samlede værensidentitet blev sat i perspektiv. For at skabe en forståelseshorisont for værensidentiteten gennem det at blive et bedre menneske og dermed en bedre leder, må man først forstå mennesket som et tænkende væsen, der er bevidst om sin egen bevidsthed, såkaldt metabevidsthed. Når metabevidsthed er en kapacitet i mennesket og dermed lederen, vil det være en egenskab der fremmer og sigter mod det væsentlige. Det sker, fordi det skaber indsigt og udsigt på samme tid, det vil sige, at den optik man betragter sig selv med, er blevet mere rummelig og omfangsrig, men også skærpet. Metabevidsthedens kapacitet vil også fremme nysgerrigheden for yderligere ekstension i refleksions-processerne, så det at være menneske og leder også bliver en bevidsthed om sig selv i sig selv. Det betyder, at muligheden for transcendens kan opstå, det vil sige en overskridelse af ens eget selv og egentlighed gennem metabevidstheden og dens kapacitet. Det vil være en form for erkendelse eller endog åbenbaring, der kan blive omsat til handlinger eller egenskaber - en epistemologisk kausalitet mod en egentlighedsoptimering.

Hvis det sker, berøres egentlighedens singularitet og i-egentlighedens kapaciteter vil blive udsat for en resonans der bevæger værensidentiteten.

I en ledelsesmæssig optik kan processen beskrives som en bevidst evne til at se sig selv i et metaperspektiv, lidt som at se sig selv udefra indefra. Det kan også beskrives som fornyelse af tænkningen i og om eget lederskab, at blive mere oplyst (satori)[20], at være klar til forandring i sit lederskab og dermed sin egentlighed.

Der behøver ikke nødvendigvis at være en bestemt taksonomi for den refleksive proces eller resultatet heraf, det vil være for rammesættende og indfangende for selve tænkningen og sætte nogle uhensigtsmæssige begrænsninger i forhold til abstraktionsevne og fantasien. Filosof og eksistentiel fænomenolog Merleau Ponty (1908-1961) skriver således:

"Jeg er begyndt at reflektere, min refleksion er refleksion over noget ureflekteret". [21]

Selv om udsagnet umiddelbart lyder banalt, så er det starten på en erkendelsesteoretisk adfærd, der er med til at facilitere en nysgerrighed ikke kun om tingene i sig selv, men også om sit eget jeg i forhold til verden, det relationelle og det emergente. Den nysgerrighed, kan

---

[20] Satori er i zenbuddhismen den pludselige oplysning, bevidsthedens opvågnen til sin sande natur, svarende til *bodhi* (sanskrit "oplysning") Etymologi *Satori* er afledt af *satoru* 'forstå, indse, erkende'. Kilde: https://lex.dk/satori

[21] Thøgersen, Ulla: Krop og fænomenologi, Academica (2004), s. 23

gennem perspektivering være med til at ændre mennesket mod noget bedre gennem ny læring og forståelse.

Så når man taler om menneskets værensidentitet, så handler det også som leder om, hvordan et lederskab træder frem og repræsenterer både leder og menneske, for de to fænomener kan ikke adskilles i en ledelsesmæssig kontekst.

Udsagnet fra Merleau Ponty kan også ses som et udsagn, der kan tilskynde til refleksion, det ureflekterede agerer jo netop som en latent invitation drevet af nysgerrighed.

Derfor er omsætningen af den refleksive kapacitet vigtig og betydningsfuld for et lederskab, og det at være et menneske i en lederrolle og den værensidentitet den frembringer, fordi den bygger på en erkendelsesteoretisk præmis.

Ifølge filosof og fænomenolog Edmund Husserl (1869-1938), så er menneskets væren et nødvendigt udgangspunkt for enhver erkendelsesteori.[22]

Tilstedeværen

Mennesket vil altid have en tilstedeværen for den anden og andre, og det er netop oplevelsen af opmærksomheden fra og påvirkningen af den anden og andre, der kan skabe ny tænkning om sig selv, sat i forhold til et epistemologisk aspekt. Der er her tale om en evig fremmedgørelse, der

---

[22] Schiermer, Bjørn: Fænomenologi – teorier og metoder, Hans Reitzel, 2013, s. 80

søges opløst gennem ændring af egen adfærd og dermed egentlighed for at opnå frihed. Derfor er det vigtigt, at lederen er bevidst om sin værensidentitet i forhold til det relationelle, dels for at kunne sætte sin fremtræden i perspektiv, men også for at kunne forstå den andens udtryk, artikulation, diskurs, sproglighed, emotionalitet og adfærd.

Filosof og eksistentiel fænomenolog Martin Heidegger (1889-1976), anvender begrebet "Dasein" som er tysk og oversættes til "tilstedeværen". Det dækker over det som Husserl kalder for subjektet.[23] Det skal her nævnes, at Heidegger bruger begrebet flertydigt.

Heideggers begreb "tilstedeværen" betyder også at den anden og andre er tilstedeværende, og de får dermed også en værensidentitet, som stemmer, der resonerer mellem de forskellige tilstedeværender eller værensidentiteter. Heidegger, der var elev hos Husserl, udviklede begrebet tilstedeværen som en form for ekstension af Husserls begreb "subjektet", men begge begreber kan anvendes i forhold til begrebet "intersubjektivitet", som kan beskrives som en interaktion mellem to tilstedeværender, hvor der er noget viden omkring samme emne, men ikke nødvendigvis samme viden. I mødet mellem to tilstedeværender, der dialogiserer, kan der opstå noget fælles tredje som

---

[23] Thøgersen, Ulla: Krop og fænomenologi, Academica (2004), s. 27

resultatet af refleksive tanker, der brydes med hinanden, altså effekt og affinitet af den dialogiske kapacitet.

Der kan her være tale om, at der kan opstå en transcendental bevidsthed, som kan tydeliggøres eller omsættes til ny viden eller anvendelse i nye sammenhænge.

Når det intersubjektive skrives frem her, så er det med væsentligheden af dialogen som ledelsesværktøj, altså en dialogisk kapacitet, som bør være en ledelsesmæssig egenskab og del af et hvert lederskab jævnfør i-egentlighedens kapaciteter.

Det intersubjektive opstår i samskabende dialoger, hvor der kan dannes grundlag for, at ens bevidsthed kan påvirkes i en positiv retning, med trin mod det at blive et bedre menneske og leder, fordi man er blevet mere vis. Her kan man tale om, at værensidentitetens rammer er blevet ekstenderet, og der kan tales om suprageneration[24] af lederskabet.

Selve værensidentiteten er et fænomen, der har en væsentlighed for mennesket selv, lederen selv, mennesket i lederen og lederen i mennesket, men det kræver også, at man som leder er sin værensidentitet bevidst. Det vil sige,

---

[24] Begrebet "suprageneration" er en neologisme skabt af forfatteren. Suprageneration kan oversættes til overgeneration eller generation udover regeneration.

man har forståelse for det substantielle i lederskabet udtrykt gennem egentligheden og dets i-egentlighed.

For at komme det nærmere kan man udfordre lederen på nogle protreptiske spørgsmål, der har til formål at udvikle lederskabet i en eksistentiel og emergent retning. Jeg har valgt følgende spørgsmål som perspektivering til lederen. Spørgsmålene bliver ikke besvaret her i bogen, men er til selvrefleksion. Spørgsmålene er:

- Hvad det vil sige at være til stede?
- Hvad består tilstedeværen af?
- Hvordan påvirker det relationelle lederens væren?
- Hvilke følelser kan være væsentlige i et lederskab?
- Vil du kunne beskrive din egen egentlighed?
- Hvordan har ledelse det i dag?
- Hvis ledelse ikke er til stede, hvad er der så?
- Har ledelse en evighed?
- Hvad er det, der gør lederen exceptionel i en ledelseskontekst?

Her vil både den refleksive kapacitet, abstraktionsevnen (forestillingsevnen/fantasien) og regenerationsevnen (det at komme tilbage til sig selv) komme på overarbejde, men det er en god, relevant og kontemplativ øvelse.

Begrebet exceptionel, der kommer fra latin "exceptio", der betyder undtagelse, ansporer til et andet spørgsmål: Hvad er det, der gør, at lederen er en undtagelse i en positiv kontekst? Spørgsmålene er retoriske i bogens kontekst, og dermed er det op til læseren selv at arbejde med dem gennem refleksive processer.

Lederens værensidentitet vil også uvilkårligt blive udfordret på helt grundlæggende værdier, perceptioner, samvittigheder og anskuelser, for hvad nu hvis man allerede har opfattelsen af, at egen værensidentitet er fortrinlig? I bestræbelserne på at gøre sig umage for at blive et bedre menneske, kan man spørge, hvad det egentlig vil sige at blive et bedre menneske? Her vil jeg pege på det heteroentiske aspekt, altså evnen til at være heteroentisk, der som tidligere beskrevet, betyder at være til stede for den anden på dennes præmisser. Det betyder i denne sammenhæng, at man skal kunne sætte sig ud over sig selv gennem en bevidsthedsmæssig identifikation af egen og andres værensidentitet og her også være i stand til at se sig selv i mangelfuldheden og i endeligheden. Denne læring der opstår ved at give "afkald" på sig selv i en relation, for at være der for en anden, vil være en dannelsesproces der udfolder nye perspektiver, der kan bidrage til større forståelse og indsigt af sig selv som menneske.
Afsættet for at blive et bedre menneske får dermed en substans at blive dannet ud fra, der kan måske ligefrem tales om en decideret regeneration/suprageneration af bevidstheden og dermed mulighed for dannelse i værensidentiteten.

I forsøget på at komme værensidentiteten nærmere gennem intersubjektivitet, så har jeg fremstillet model 1, der viser, hvad det vil sige at være menneske/leder i forhold til begreberne ledelse/regeneration.

	Menneske/leder	Ledelse/regeneration
Tese-antitese	Gribe an og i Eftertænken (dianoia) Indre dialog	Griber om Viden (episteme) Ydre kontekst
Syntese	Begribe Visdom (sofia) Øget bevidsthed	Foregribe Ankomst (katarsis) Perspektiv
Hypotese	Gribe af Forestillelse (fantasia) Transcendental	Gribe ud Væsen (eidos) Metafysisk

Model 1:

Række 1 og 2: Udvikling af værensidentitet gennem intersubjektivitet som en fælles og samskabende dialogform.

Række 3: Hypotese opstår som et resultat af række 1 og 2, og kan facilitere en ny intersubjektiv proces.

Række 1:

Her starter den dialogiske proces mellem to subjekter, tilstedeværender eller værensidentiteter.

I kolonne 1 ses det, at der gribes an og i, det, der opstår i den samskabende dialog. Dialogens forskellige udsagn analyseres, reflekteres og perspektiveres gennem en indre og fælles dialog.

I kolonne 2 fortæller ledelse og regeneration noget om eksisterende viden gennem en ydre kontekst, viden som venter på at blive høstet og omsat.

Række 2:

I kolonne 1 begynder den samskabende dialog at tage form i begge subjekter, uden at den nødvendigvis behøver at være ens, men der begribes og dannes ny viden og måske åbenbaringer, der påvirker bevidstheden, der kan give grundlag for ny visdom.

I kolonne 2 har ledelse og regeneration foregrebet begivenhederne gennem deres eksistens, de er så at sige ankommet og er med til at tydeliggøre perspektivet.

Række 3:

I kolonne 1 gribes der af, man giver slip og lader forestillingsevnen træde til, der er nu brug for en kreativ proces, hvor man lader sig transcendere uden begrænsninger.

I kolonne 2 griber ledelse og regeneration ud, de ekstenderer og bliver genstand for hermeneutikkens ubarmhjertige billeddannelser, hvor det væsentlige er i skabelsens støbeske - det metafysiske.

Som det fremgår, så er ens værensidentitet et menneskeligt tema, der bør arbejdes med gennem hele livet og gennem den livsverden, man befinder sig i. Temaet har mulighed for at blive en lederskabsfortælling, hvis man retter metaopmærksomheden på det, det vil sige, at man bliver i stand til at se fortællingen om og i fortællingen.

Dialogen med sig selv - en nødvendighed

Et menneske, der bevidst vælger rollen og positionen som leder, påtager sig samtidig ansvaret for et lederskab, der skal være værdigt for både organisationen, dem der ledes og lederen selv, og som inkluderer vision, mål, dømmekraft, nærvær, inddragelse og udførelse.

Ansvaret i et lederskab kan være en måde at forstå ledelse på, idet ansvaret er med til at definere lederskabet set fra arbejdsgiverens side. Det betyder, at ansvaret bliver en metode at lede efter, hvor ansvaret er organisationens immanens, og den ledelsesmæssige væren og egentligheden er lederens immanens. Lederen svarer altså an (tager og har ansvar) og tegner dermed ledelse i konteksten, at ledelse er noget, man er, før det udøves. Ud fra det perspektiv skulle ansvaret i ledelse gerne hvile på i-egentlighedens kapaciteter. Det vil implicit fortælle noget om, at der er et menneske bag lederen, og dermed lederskabet, og netop mennesket selv manifesterer lederskabet gennem dets egentlighed, ansvaret og organisationens ledelsesgrundlag, der oftest hænger sammen med dens værdier.

En leder skulle gerne via fortjent værdighed fremtræde som en repræsentation og rollemodel for sit lederskab. Fremtrædelsen skal være transparent, så det bliver tydeligt at forholde sig til og hvad der kan forventes. Det vil gøre det lettere at begribe retningen for lederskabet, og det kan være motivationsskabende.

Som leder bliver man nødt til at forstå, at ens fremtræden har en virkning på omgivelserne og på dem, der ledes. Den forståelse bør være nr. 1 i enhver ledelseshåndbog, for uden selvindsigt vil et lederskab miste sin legitimitet og troværdighed, hvis ikke man mærker mennesket bag lederen. Derfor er det essentielt for en leder, at denne kontinuerligt reflekterer over sit lederskab, og hvordan mennesket bag lederen opfattes. Med den tilgang bliver det lettere at forstå, hvordan man kan lede i forhold til egen perception af sig selv som menneske, lederens egentlighed samt den position og rolle, der ledes ud fra, holdt op imod det som organisationen, kollegaerne og medarbejderne forventer af lederen.

Refleksionen over eget lederskab er i virkeligheden en indre dialog, hvor lederen sparrer med og udfordrer sig selv i forhold til sit lederskab; men det kræver disciplin. Spørgsmålet om hvor tit det reelt sker, trænger sig på, og det er antagelsen her, at det ikke sker særlig ofte, men snarere er noget, der bliver tilskyndet af udefra kommende påvirkning som f.eks. kulturændring, ny viden, nye værdier, politikker, regler og love, intraorganisatorisk uro eller fremmedgørelse gennem forskellige samfundsmæssige accelerationer. Det vil så at sige være en reaktiv handling fremfor en proaktiv handling, og man kan ikke lede med tilbagevirkende kraft.

Den indre dialog faciliterer også en række spørgsmål, som kan være kompromitterende, og det kan derfor være svært at være nysgerrig på, kritisere eller dykke ned i samvittigheden omkring sig selv, da det betyder, at selv grundlæggende antagelser i egentligheden skal frem i lyset og revurderes. Men det er en nødvendighed og en sund handling, der viser god dømmekraft, ligesom der skal udvises god dømmekraft i lederskabet.

I dialogen med sig selv kan selverkendelse måske være svær at overkomme, især hvis det viser sig, at der skal foretages ændringer i i-egentligheden, hvor grundlæggende værdier og selvopfattelse bliver sat lidt på prøve. Men dialogen er et godt udgangspunkt for udvikling af et lederskab og for en selv som menneske.

Men kan et lederskab overhovedet måles og vejes, og er det relevant?

Lad os antage at et lederskab blev målbeskrevet ud fra specifikke krav og kriterier, der fortæller noget om, hvordan det forventes at lederskabet skal tilrettelægges og udføres, og hvilke præmisser det bygger på i forhold til organisationen og dens vision. En sådan målbeskrivelse vil ikke kun være en urimelighed, men også en tilfangetagen af lederskabet som handlingsorienteret begreb, idet ledelse er en levende systemisk organisme, der er under konstant forandring og fremmedgørelse, og derfor ikke må fastlåses i et bestemt perspektiv, værdi eller paradigme. En fastlåsning af ledelsesbegrebet vil medføre stagnation, kulturel inerti, søgning mod selvforstærkende konservative paradigmer, ringe vækstmuligheder eller endda autokrati, netop fordi det handler om mennesker, der agerer, reagerer, genererer og regenererer. Ledelse skal have frihed under ansvar gennem vision og mål og bedrives gennem epistemologisk og intuitiv handle- og dømmekraft.

Ledelse er på en gang forskellige ledelsesformer, der sættes i spil under givne forudsætninger og betingelser, men det betyder ikke, at ledelse ikke kan have et bestemt fokus, som f.eks. regeneration, hvor lederen skal indtænke det regenerative element i den daglige ledelse som et af de ledelsesmæssige værktøjer, fordi fokus på det regenerative er en af organisationens profiler udadtil, eller det er blevet en prioritet.

Lewanski skriver i bogen Social Regeneration and Local Development om dialogen som ledelsesværktøj, hvor han anfører vigtigheden af dialogen som et kontemplativt værktøj, hvor begge parter har en ligeværdighed, der gennem oprigtig lytning og refleksion, "signifikant interpersonel kommunikation", udviser gensidig respekt for hinandens meninger, holdninger og ideer.

Han anfører desuden også, at dialogen er en anerkendelse af legitimiteten af alle meninger og retten til at udtrykke dem, og på den måde tillader man humanisering af den anden og sig selv.[25]

I dialogen med sig selv er det væsentligt at lytte intenst, reflektere, sammenligne og se sammenhænge, men vigtigst af alt er, at bevidstheden lader sig udfordre af dialogens tilsynekomster og erkendelser, for ellers kan forandring i egentlighedens singularitet ikke ske.

Hvis vi her antager, at man kan være heteroentisk med sig selv, kan man med andre ord sige, at man som menneske kommer til sig selv gennem sig selv via dekonstruktion til ny konstruktion og måske endda transcendere til komposition. I sin bog "Dialog med dekonstruktionen, skriver Søren Gosvig Olesen således:

"Enhver kommen til sig selv er afhængig af tiden, af et komme. Som mennesket er. Det er mennesket, der kommer til sig selv gennem det forskellige og andet, det er rettet imod, og det er kun gennem dette forskellige og andet, mennesket kommer til sig selv:" [26]

Denne passus sætter streg under det at komme til sig selv, og her i form af noget fænomenologisk, det vil sige noget, der træder frem og påvirker en som menneske (det andet

---

[25] Lewanski, R.: "Deliberative participation – Bringing the citizens back in" in Social regeneration and local development, Routledge Studies in Social Enterprise & Social Innovation, Routledge (2018), s. 162

[26] Olesen, Søren Gosvig: Dialog med dekonstruktionen, Museum Tusculanums Forlag, (2006), s. 44.

og det forskellige) og på baggrund af det, kan der opstå en indre dialog (rettetheden mod det forskellige og andet) - nærmest uundgåeligt.

Det betyder også, at mennesket kommer til sig selv netop gennem fremmedgørelse.

En indre dialog opstår ikke bare af sig selv, den bliver normalt faciliteret af tanker, oplevelser, fortællinger og opfattelser. Det er en kontinuerlig tankeproces, som i daglig tale oversættes til udtryk som tænker, overvejer, undrer, reflekterer eller spekulerer som andre begreber for den indre dialog.

Men dialogen kan også være en bevidst handling, som en leder vælger at gennemføre gennem erkendelse af, at der er noget, der skal undersøges. Her gælder det for lederen om at koble hverdagslogikken fra, hvilket vil sige, at lederen skal forsøge at foretage epoché.[27] Det betyder at fordomme, antagelser og prægninger etc. så vidt muligt skal sættes i parentes, så de ikke får for stor indflydelse på selve dialogen med sig selv, og det er en svær men nødvendig øvelse.

Man kommer sjældent videre i en indre dialog, hvis egne fastlåste fordomme og holdninger kommer til at præge dialogens refleksionsproces, for så vil resultatet sandsynligvis blive en bekræftelse af de antagelser, man gik

---

[27] Ordet epoché er græsk for 'holden-tilbage', af epi- og echein 'have, holde'. Danmarks Nationalleksikon - https://lex.dk/epoche

ind i dialogen med. Den form for indforstået realisme giver sjældent gode resultater, og den vidner om stagnering og fastlåste repræsentationer af virkeligheden.

At foretage epoché bliver nødvendigt, hvis lederen for alvor ønsker at ændre noget, og det kræver, at man kan se potentialet med dialogen, så ens lederskab kan udsættes for legitim kritik for at kunne regenerere det, som måske er stagneret, ikke længere er tidssvarende eller fordi mennesket bag ikke længere er oprigtigt til stede i lederrollen eller lederskabet.

Hvordan og hvilke metoder man anvender til at facilitere en indre dialog kan være meget forskellige, men begrebet "indsigt", det at sigte ind i egen fremtræden, er en vigtig faktor. Indsigt kan beskrives via det japanske begreb "satori", der stammer fra zenbuddhismen og kan beskrives som "en brat oplysning eller en opvågnen til bevidsthedens sande natur"[28].

Dersom lederskabet skal have en mere fremtrædende rolle i ledelsesfortællingen, er det væsentligt at lederskabet i sig selv gennem lederen og mennesket bag, faciliterer indsigt gennem metaopmærksomhed på sig selv, hvis man ønsker at frisætte lederskabet på ny og dermed blive i stand til at bryde med gamle dogmer og se noget nyt åbenbare sig.

Jeg har i prologen nævnt begrebet "sagittal kraft" som værende noget retningsbestemt, at sagitta betyder pil på

---

[28] denstoredanske.lex.dk

latin og her skal den sagittale kraft ses som indsigt.

Her kan bue og pil være en allegori for dels spændingen af buen (kraften på retningen) og det at sigte (fornemmelse og bestemmelse af retningen), men også respirationens tilbageholdelse, som udgør dømmekraften - hvornår skal kraften frigives, med hvilken frekvens og med hvilken hastighed (handlekraften)?

Beskrivelsen af bue og pil-allegorien er reelt en målbeskrivelse med disse krav og kriterier: Kraft/hastighed (hvad og hvor meget skal der til), retning (hvor skal tyngden lægges) og en tidsfaktor (hvornår og hvor ofte skal det gøres).

Til allegorien vil jeg fremhæve den kinesiske general Sun Ztu[29] (ca. 500 f.v.t.), der skriver således:

"His potential is that of a fully drawn crossbow, his timing, the release of the trigger".

Hvis det er muligt, og det må vel et eller andet sted være intentionen, at ændre eksisterende ledelsesparadigmer og perspektiver med henblik på udvikling i indsigtsfuld regenerativ retning gennem i-egentlighedens kapaciteter, så giver satori god mening som ledelsesmæssigt begreb i forhold til en indre dialog, da det kan give mulighed for indirekte også at ændre på kulturen, det vil sige memetikken kan regenereres, men i et andet perspektiv.

---

[29] Griffith, Samuael B: Sun Tzu - The Art of War, Oxford University Press, (1963), s. 92.

65

I forbindelse med begrebet satori vil jeg også komme med et bud på begrebet "intendere se sui", der betyder "at fokusere på sig selv", som en værdi for både menneske og leder. Der hentydes her ikke til en egocentrisk karakter, men til en mental refleksion, hvor tanken er at blive mere oplyst om sig selv som menneske gennem indre dialog. Fokus på egen ledelse og sig selv som menneske er ikke kun en væsentlighed, men også en nødvendighed for et refleksivt, reformerende og progressivt lederskab.

Det betyder at fokus på både mennesket selv og lederen bør være en dyd i sokratisk sammenhæng.

"Dyderne adskiller sig fra vaner ved at de integreres som en del af personligheden, i stedet for kun at være en indlært måde at agere på." [30]

Satori er ikke kun en ahaoplevelse, det er tankevirksomhed baseret på oplevelser, observationer og iagttagelser af sig selv, inklusive den bias det kan medføre i forhold til indbildningskraft, illusioner og forestillingsevne.

Derfor er det væsentligt, at det væsen (sig selv) man iagttager, også holdes op mod perspektiver fra omverdenen i form af venner, familie, kollegaer, medarbejdere, sociale netværk, narrativer og medier, da de i en eller anden udstrækning er med til at forme mennesket bag lederen.

---

[30] Pihlgren, Anna S: Sokratiske samtaler i undervisningen, Frydenlund, (2020), s. 34.

Her kan synspunktet om socialkonstruktivisme[31] indlæses som en faktor, men den kan ikke stå alene.

Denne komparation er nødvendig for et mere objektivt billede på en selv som menneske og mennesket i lederen, fordi den eksplicit ændrer den umiddelbare perception til den mere reflekterede apperception, idet indbildnings-kraften og forestillingsevnen bliver reduceret. Det kan lede til en mere oprigtig afbildning af en selv som menneske og leder.

I dialogen med en selv udfordres ens bevidsthed ved at holde sjælen, "den immanens og bevidsthed, der giver ståsted", op mod det erkendelsesmæssige perspektiv om at der er brug for en indre dialog. Tilstedeværelsen af erkendelser kan i den sammenhæng skabe forskellige emotioner som nysgerrighed, glæde, vrede, meningsløshed, betydning, lykke, sorg, værdighed etc. Ligegyldig hvilken emotion man rammes af, så vil den udfordre egentligheden, og afhængig af påvirkningen kan egentligheden ændres, modificeres, udvides, ekstenderes eller forstærkes, så i-egentligheden konsolideres og udvikles.

---

[31] Den filosofiske grundopfattelse at menneskelig erkendelse er socialt konstrueret, dvs. at den ikke er medfødt eller naturligt forekommende, men at erkendelsen udspringer af forståelsesrammen i den kultur der omgiver det enkelte menneske.
https://ordnet.dk/ddo/ordbog?query=socialkonstruktivisme

Den indre dialog kan også ses som et samarbejdende fællesskab i feltet mellem det regenerative og det supragenerative, idet værdien, der kommer ud af dialogen, og det værdien tilfører, vil være resultatet af en refleksiv proces. Det medfører, at lederen og mennesket bag kommer til at agere på en ny og forhåbentlig bedre måde, og dermed implicit en metode til at blive et bedre menneske og leder.

Det betyder, at en indre dialog også er en regenerativ proces, idet både leder og menneske genføder eller fornyer sig selv, og dermed også lederskabets egentlige fortælling.

Ledelse med en regenerativ præmis

Begrebet regeneration er nok ikke det første, der dukker op i tankerne, når man taler om ledelse eller lederskab, og det er også først inden for de sidste ca. 15-20 år, at litteratur omkring regeneration for alvor begynder at associere sig med ledelsesbegrebet. Men ser man på begrebets oprindelse og betydning, så vil man opdage, at det i forhold til ledelse og lederskab ikke er så fjernt endda.

Etymologisk kommer ordet regeneration af latin - *regeneratio der betyder genfødsel, af re (igen)- og afledn. af generare 'avle, frembringe eller producere.*[32]

Ovennævnte betydning af regeneration kan let læses ind i en ledelseskontekst, idet et lederskab bør være regenerativt i den forstand, at det genfødes kontinuerligt gennem årvågenhed og epistemologisk perspektivering. Denne pointe er særdeles vigtig, for begrebet "regenerativ" er et af de få ord, man kan sætte foran ledelse, uden at ledelse som begreb bliver fastholdt i et bestemt paradigme, fordi regeneration er en livsbetingelse for ledelse. For uden kontinuerlig fornyelse og genfødsel af livskraften i ledelsesbegrebet, så vil det forstene og blive en usmidig dynamik, der kommer til at præge lederskabet og tilhørende organisation i negativ retning.

---

[32] https://lex.dk/regeneration

De fleste vil nok forbinde regeneration med biologi, hvor det handler om genskabelse eller gendannelse af biologisk materiale, som f.eks. sårheling, gendannelse af nye lemmer hos visse dyrearter, regeneration af tænder og leveren hos mennesker, planter, der skyder efter beskæring, eller måske en genfødsel som slangen, der skifter ham, eller larver der bliver til sommerfugle. Samtlige af de nævnte processer er regenerative, men i forskellige transformationer, der revolverer, genopbygger og på sigt fornyer med større styrke og kapacitet end det oprindelige udgangspunkt - en form for mikroevolution.

Disse forskellige regenerative transformationer er det, som ledelse også bør gennemgå som læringsdannende grundlag for et vedvarende og stærkt lederskab, der ikke kun følger med tiden, men forsøger at være et skridt foran, det vil sige evnen til at se det emergente.

Sagt på en anden måde, så bør ledelse være en kapacitet, der er insisterende, når det eksisterende ikke længere er fyldestgørende eller aktuelt. Derfor giver det også mening at tale om regenerativ ledelse, da ledelse er en levende proces, der løbende skal genfødes, vedligeholdes eller fornys. Ud fra den betragtning, så vil ledelse, som organisme udgøre en normdannende faktor, i et læringsmæssigt perspektiv som en form for lederskabsfærdighed, "leadership literacy" ad infinitum.

Det begreb som p.t. anvendes som udtryk for regeneration i Danmark er begrebet "bæredygtighed", og det ligger nærmest som et overbegreb, der dækker over samtlige menneskeskabte klimaudfordringer - alt skal være "bæredygtigt", så går det nok.

Begrebet er dannet som en form for grundtanke, der har til hensigt at sørge for at naturen, og måden vi bruger og behandler den på samt heraf afledte måder at eksistere og lede på, så at sige skal kunne bære sig selv eller opretholde sig selv. Tanken er egentlig god nok, men det er desværre ikke begrebsmæssigt set nok i forhold til det regenerative perspektiv med de forskellige transformationer og de betydninger, der ligger i dem.

Ved at fastholde bæredygtighed som overbegreb bliver muligheden for at nuancere og åbne op for flere forskellige regenerative klima- og ledelsesperspektiver vanskeligere, fordi begrebet i sin essens ikke har kraft nok rent kapacitetsmæssigt. Ved fastholdelsen ligger der desuden en tryghed rent styringsmæssigt i forhold til en ledelseskontekst, fordi det kan være svært at overskue, men det er for tendentiøst.

Ved at blive i den bæredygtige tryghedszone bliver det antropocentriske aspekt også forstærket på naturens og det regeneratives perspektivs vegne, og med denne tænkemåde får både ledelse og regeneration svære livsbetingelser, fordi det der styres ud fra, bliver for unuanceret og udviklingshæmmede rent perspektivmæssigt.

Udover begrebet bæredygtighed, så er der en del andre klimatiske begreber at holde styr på som klimapolitik, klimaforandringer, drivhuseffekt, havbundsmiljø, CO_2 udslip, global opvarmning samt andre tilsvarende begreber. Alle de nævnte begreber er et indirekte udtryk for regeneration i betydningen, at vi skal være mere ansvarlige og udføre tiltag, der gør, at naturen selv bliver i stand til at regulere det klima, vi lever i, herunder også det ledelsesmæssige klima.

Derfor kan det godt give mening at samle samtlige begreber under begrebet regeneration, da betingelserne for og indholdet i dem er de samme, nemlig at naturen skal have lov til at regenerere, og det skal vi hjælpe den med. Regeneration repræsenterer også en ansvarlighed, som ikke ligger direkte i de andre begreber og derfor kan man godt tale om, at regeneration er et værdigt og påkaldende begreb, som betegner det, som skal til for at stoppe den negative antropocentriske udvikling, vi ser finde sted i vores natur. Vi har et ansvar for, at naturen får mulighed for at regenerere.

For at gennemføre tiltag, processer, planer etc., som kan hjælpe den regenerative ansvarlighed med at regenerere sig selv, så vil ledelse blive en massiv faktor, for at klimapolitikker kan gennemføres, for de skal ledes, og det skal de afledte beslutninger af en klimapolitik også.

Udover det regeneratives indlysende tilstedekomst i en forvejen fyldt ledelsesmæssig kontekst, så kan det være nødvendigt at legitimere det yderligere i forhold til ledelse generelt, for at kunne implementere og operationalisere det som et reelt ledelsesværktøj eller ledelsesmæssig værdi, der kan give det en eksistensberettigelse i et lederskab. Til det formål har jeg valgt en protreptisk attribut som en form for åbning af begrebet via en spørgeramme, der indkredser begrebet fra forskellige synsvinkler, og som kan udvide forståelsesrammen for det regenerative felt i forhold til lederskab og ledelse.

Spørgsmålene, der stilles, er konstrueret ud fra, hvad jeg som forfatter mener kunne være interessant at åbne op for i forhold til regeneration som begreb i forhold til ledelse, og det samme gælder for svarene. Der kunne naturligvis stilles andre og flere spørgsmål af afklarende karakter, som vil give andre svar, men det kan være op til læseren selv at tage yderligere skridt via nysgerrigheden og dermed udvide perspektivet for, hvad læseren også finder interessant i forhold til en regenerativ præmis for ledelse.

Til protreptisk udfoldelse af et regenerativt perspektiv i ledelse har jeg valgt følgende spørgsmål:

- Hvad er formålet med den regenerative tanke?
- Hvilke resonanser afstedkommer regeneration?
- Hvad er det regeneratives ekstension?
- Hvilket liv vil det regenerative have i et lederskab?
- Kan regeneration agere uden en stemme?
- Hvad vil det sige at være en regenerativ leder?

Hvad er formålet med den regenerative tanke?

Formålet med den regenerative tanke tager sin begyndelse i det enkelte menneske/leder, der via indre dialog reflekterer over det regeneratives mening og betydning for sig selv som leder, den organisatoriske kultur, samfundet og den globale kontekst. Det regenerative skal desuden implementeres i organisatoriske kontekster og narrativer, så begrebet bliver normativt og nærmest dannende for ledelse.

I bogen "Leading by Nature" med undertitlen (The process of becoming a regenerative leader), skriver forfatteren Giles Hutchins:

"Vejen mod regenerativ ledelse afsløres ved at lære at tilpasse vores jordiske adfærd i forretninger med den åndsvisdom, der er medfødt i livsnaturens visdom for at muliggøre livsbekræftende organisatorisk adfærd,

værdiforslag og interessentrelationer" (egen oversættelse).[33]

Dette citat beskriver i sin essens vigtigheden af, at ledelse har svært ved at eksistere uden en regenerativ præmis. Han nævner også begrebet "livsnaturens medfødte åndsvisdom", som jeg mener, kan være koblingen mellem ledelse og regeneration som et aktivt tankesæt, der kan trænge ind i den organisatoriske kontekst, men også som en del af lederens egentlighed.

At have regeneration som et tankesæt eller betydningsfuld værdi, der også giver mening, vil være en forudsætning for at det regenerative meme vil få den dynamik, der skal til, for at det kan blive iscenesat og få effekt i ledelse. Den regenerative tanke skal illuminere og penetrere den organisatoriske værdi- og ledelsesidentitet, så alle medarbejdere ikke kun kender eksistensen af det, men også ved at det er en af organisationens kerneværdier, man kan også sige en del af organisationens i-egentlighed.
Når man er så langt, kan kulturen begynde at ændre sig i en regenerativ retning, nærmest normgivende, uden at det bliver en anakronisme, for det ligger ikke i det regeneratives DNA eller betydning.

---

[33] Hutchins, Giles: Leading by Nature, Wordzworth, (2022), s. 121

For at det skal kunne finde sted, så skal den regenerative tanke sås i hele organisationen. Det starter med ledelseslaget, der f.eks. via indre dialog, gerne faciliteret gennem f.eks. foredrag, seminar eller workshop eller anden begivenhed, som tilskynder og motiverer til, at hver enkelt leder aktiverer en indre refleksion omkring den regenerative tanke. Efterfølgende kan tankerne deles og blive genstand for dialog i grupper. Det væsentlige her er, at hver enkelt leder skal melde tilbage i plenum omkring deres indre dialog, så alle tanker kommer frem og kan inspirere organisationen i en form for sokratisk dialektik, som på græsk kaldes for majeutik[34].

På den måde bliver de forskellige ledelsesmæssige egentligheder bevidst sat i spil gennem nysgerrighed, refleksion, fremadrettet sammenhængskraft og vision med henblik på at få det regenerative felt talt frem i ledelse som en komplementær og nødvendig kraft.

Afhængig af processernes ekstension, så kan der blive tale om et muligt transcendentalt skift i den ontologiske bevidsthed om den regenerative tanke, der kan få betydning for forankringen af det regenerative. Med det menes der, at værensidentitetens egentlighed omkring det regenerative vil blive en immanent del af det at være leder og menneske. Hvis det bliver resultatet af processen, er der

---

[34]Ordet *majeutik* kommer af græsk *maieutike (techne)* 'jordemoderkunst', af *maia* 'mor, jordemoder'.
Kilde: https://lex.dk/majeutik - filosofisk begreb.

skabt gode muligheder for, at det regenerative kan trives i ledelse og et lederskab. Det er formålet med den regenerative tanke i forhold til ledelse.

Hvilke resonanser afstedkommer regeneration?

Regeneration er et levende begreb, det er dynamisk, det er fremadrettet, og det har en emergens, som venter på at blive opdaget og sat i spil, for det regenerative eksisterer, det "er" lige nu, det er på vej. Vi skal bare lære at tage det i hånden, og ledelse betyder også, som tidligere nævnt, "at være på vej".

I regenerationens lebendighed, både biologisk, kulturelt og ledelsesmæssigt, har det den egenskab, at når det sættes i spil, så kan det ikke undgås, at det resonerer gennem vibrationer og ekkoer ud i verden. Regenerationen taler så at sige til os hele tiden, vi skal bare lære at høre, se og ikke mindst mærke det, og lige nu skriger det på mennesket, hvis vi fortsat vil være en del af naturen.

Hvis et regenerativt tankesæt for alvor har manifesteret sig i et menneske, ledelse, fællesskab, kultur, organisation, samfund eller nation, så kan det ikke undgås, at der opstår vibrationer ud til andre aktører, som vil lade sig inspirere, gribe og videreudvikle det. Disse vibrationer kunne man også kalde for intentionelle paradigmatiske bølger, der resonerer igen og igen for at blive hørt, taget ind, følt eller set. Klangen fra det regenerative univers er insisterende med henblik på at blive eksisterende, og det hele starter med den indre dialog og dermed et blik på egentligheden. Det regeneratives ontologi er i sin substans og eksistens så levende og så inddragende, at det rent etisk er svært ikke at forholde sig til den.

For at få kultiveret en regenerativ organisation er en top-down ledelse ifølge John Hardman i sin bog "Leading for regeneration" mindre effektiv end en horisontal og samarbejdende ledelse. Han citerer desuden forfatteren og journalisten Michael Singer, der skriver:

"For at forstå hvordan man genererer forandring, er det nødvendigt at inddrage mange andre mennesker. Vi ved gennem studier af økosystemer, at de er kolossalt komplekse. Når vi beslutter at handle, sættes en bred vifte af interaktioner og reaktioner i gang." (egen oversættelse).[35]

Dette udsagn hænger meget godt sammen med, at det begynder med den indre dialog hos det enkelte individ, som så spredes til kulturen, organisationen og samfundet for igen at resonere ud til omverdenen. Det betyder også, at det er et inkluderende og nærværende lederskab, der skal være drivkraften, og ikke managementledelse, så både fællesskab og forbundethed bliver en del af sammenhængskraften.

---

[35] Hardman, John: Leading for Generation, Routledge, (2012), s.69.

Det regenerative univers resonerer allerede overalt i kulturer, socioøkonomiske systemer, sociale kooperativer, NGO-fællesskaber, aktører, interessenter, filantroper og sociale medier, der bliver inspireret og motiveret til regenerativ tankevirksomhed som en del af deres identitet, både i sig selv og udadtil. Resonans fra det regenerative univers kunne efter min opfattelse godt være betegner for kultiverende begivenheder, der har natur og miljø som omdrejningspunkt.

Hvad er det regeneratives ekstension?

Det regenerative felt har en rettethed mod fornyelse og genfødsel. Det rækker ud efter liv, opmærksomhed, forståelse, ydmyghed, visdom og overlevelse, faktisk ekstenderer det ud over alt og over alt andet. Ekstensionen er samtidig en intension, hvor det regenerative forsøger at italesætte sig selv i en nonverbal artikulation og andre proprioceptive sanser - det er naturens sproglige konversation, der resonerer.

Intensionen i ekstensionen kan ses som en form for opmærksomhed på opmærksomheden i forhold til det regeneratives eksistensbetingelser, som p.t. ikke er tilstrækkelige, ligesom det heller ikke er i ledelsesperspektivet. Selv regeneration skal have en håndsrækning, når den bevidst nedbrydes. Den skal opdages og have betydning, og ved at artikulere den verbalt til omverdenen, kan det være med til at sætte en indre dialog i gang, der kan facilitere regenerative processer. Den globale biologiske regeneration har indtil for et par hundrede år siden kunnet følge nogenlunde med, men i takt med især industrialiseringens begyndelse i 1700-tallet, urbanisering, effektivisering og digitalisering gennem moderne og senmoderne tid, har den haft svært ved det. Faktisk er vi nået så langt, at begrebet regeneration ikke længere er dækkende nok for at regenerere de skader, vi som menneskehed har forvoldt i naturen og dens økosystemer. Der er brug for en bedre version. Denne version kunne være begrebet epistemologisk regeneration. Det vil sige, at vi som menneskehed forstår, at det f.eks. ikke længere er nok at plante et nyt træ, når vi fælder et andet, den grænse er nået for lang tid siden, nu skal der måske plantes ti træer. Derfor skal regeneration i dens klassiske forstand, som egentlig er at vende tilbage til udgangspunktet gennem genfødsel, vedligeholdelse og på sigt fornyelse, tages alvorligt, for naturen skal nok overleve, også uden os mennesker.

Derfor introduceres begrebet epistemologisk regeneration, som en erkendelse af og forståelse for de klimatiske forhold, men også egen anerkendelse af, at vores utilstrækkelighed i forhold at dæmme op for egen destruktion skal ændres markant. Dette sker ikke uden bevidste hensigter og bevægelser, og det kan ledelse hjælpe med til, for ledelse lider af samme tilstand, netop at det er blevet et slidt paradigme, hvor reel udvikling har manglet i mange år.

Lederskabets egentlighed skal derfor hjælpe regenerationens egentlighed (genfødsel) på vej, og samtidig lære af regenerationen, så ledelse også bliver genfødt og kommer i vækst.

Hvilket liv bør det regenerative have i et lederskab?

Det regenerative liv er et liv med eksistentiel karakter, forstået som den mulighed, det har for at stå ud over sig selv gennem menneskelig indsigt og forståelse. Det er det liv, det regenerative bør have i et lederskab.

For at kunne stå udover sig selv og sine egenskaber, er vi som menneskehed nødt til at sammenkoble vores empiri og epistemologi som en faciliterende, nærmest tilskyndende initiativtager. Derfor er det nødvendigt at tale om det regenerative ud fra en epistemologisk kontekst. Dette kan kun lade sig gøre, hvis vi anerkender og erkender det regenerative på dets egne betingelser for eksistens og overlevelse.

Med erkendelse kommer det næste vigtige skridt, som er den pragmatiske tilgang til iværksættelse af initiativer, hvor regeneration er prioriteret som en ledende markør i forhold til strategier, forandringer, handleplaner og konkrete målbeskrivelser. I hele den proces holdes det regenerative i hånden for på et tidspunkt igen at tage os i hånden. Det er det liv, der er det regenerative værdigt i et lederskab - en forbundethed, der holder hånd.

Kan regeneration agere uden en stemme?

Det regenerative vil rent biologisk altid have en stemme, men den vil blive svagere og svagere, i takt med de ødelæggelser menneskeheden tvinger ned over kloden. Det er grådighedens inerti, økonomisk gevinst for øje og magten til at bestemme, der er nogle af årsagerne til, at vi er nået så langt, at vi er nødt til at tænke os om som art, en art der også har et ansvar for andre arter.

Økosystemerne skriger på hjælp, og heldigvis er menneskeheden vågnet lidt op, men endnu ikke nok. Derfor er det vigtigt, at vi lader det regenerative få en stemme eller i det mindste hæve den stemme, den allerede har. Her skal vi hjælpe med artikulationen og sproget, for at give stemmen tyngde, så det sigende i det sagte bliver betonet igennem regenerationens implicitte værdier og koder, så stemmens resonans giver dønninger gennem hele verden.

Stemmen fra det regenerative har kontinuerligt resoneret, via fuglekvidder, vinde, temperaturer og bølgebrus. Vi har set den lide, med alt vi har forvoldt, endda der hvor det er blevet goldt, derfor skal regenerationen have tale.

Stemmen fra regenerationen resonerer stadig, og det er nu vi skal se den i øjnene og lade dens tale få lyd.

Hvad vil det sige at være en regenerativ leder?

Her er der to forhold, lederen skal være opmærksom på.

Det første er den regenerative tanke som en del af den daglige ledelse i forhold til givne klimapolitikker og grønne dagsordner etc., der skal føres ud i verden som resultatgivende regeneration i forhold til økonomisk vækst.

Det andet er, at ledelse i sig selv skal regenereres for ikke at blive fremmedgjort af både teknologiske og sociale accelerationer, men mest af alt en regeneration af ledelsesbegrebet, så det det kan udøves med værdighed.

Det er et tankesæt, som er kommet for at blive - den regenerative præmis for ledelse.

Det er også en præmis for ledelse og lederskabet, som uden regeneration vil lide samme skæbne som naturen, hvis ikke det bliver kultiveret, gentænkt og perspektiveret som en forholdemåde i en visionær rækken ud.

Det betyder, at daglig ledelse skal have implementeret en "naturoptik", hvor alle aspekter af ledelse tænkes med naturen for øje, hvor det er muligt. Det gælder både direkte grønt arbejde som landbrug, gartneri, botanik og udvikling af nye grønne initiativer samt områder som fiskeri, plantedød i havene, CO_2 reduktion og forurening etc.

Derudover handler det også om ansvarlighed i forhold til indkøb af energi og emballage, sortering af affald, energioptimering og at ombygge i stedet for at nybygge, hvor det kan lade sig gøre.

Det burde være en naturlig tankegang, men der er et stykke vej endnu, og det kræver, at vi er fremadskuende med en regenerativ ledelsesoptik.

Den regenerative pentagon som ledelsesidentitet

For at legitimere og skabe mere ydmyghed og horisont omkring det regenerative perspektiv har jeg konstrueret en model, som jeg kalder "Den Regenerative Pentagon". Den er konstrueret som en metode til at sætte ledelse i perspektiv i forhold til en regenerativ identitet i lederskabet, så den kan manifesteres som et grundlæggende tankesæt for ledelse, og dermed blive et regenerativt ledelsesværktøj.

Den skal også ses i forhold til, hvordan vi kan hjælpe det regenerative perspektiv med at vokse og gerne accelerere, så vi kan rette op på natur- og klimaskader, så det ikke får yderligere negative konsekvenser på efterfølgende generationer.

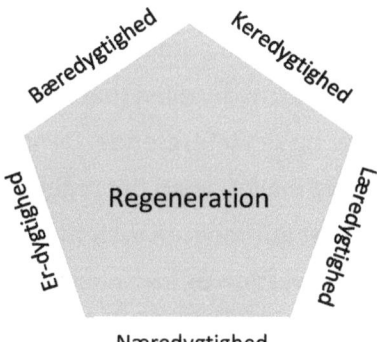

Model 2: Den Regenerative Pentagon. Modellen er tilvirket af forfatteren.

De fem anskuelser omkring Den Regenerative Pentagon har ingen rang- eller betydningsorden i forhold til hinanden, de er alle vigtige værdier i en kybernetisk forståelse, og de udgør en samlet enhed, der understøtter og iscenesætter det regenerative perspektiv.

Modellen giver mulighed for at se det regenerative fra forskellige perspektiver, som også er gavnlige for ledelse og lederskab. Det giver en større ydmyghed, ærbødighed og visionær tilgang i forhold til at anvende det regenerative perspektiv som en form for ledelseskultur, altså at vi som menneskehed indtænker naturen som en selvfølgelighed og væsentlighed, når vi eksisterer, agerer og leder i verden.

Den Regenerative Pentagons styrke er, at der vinkles på regeneration fra fem forskellige anskuelser, der hver især har deres karakteristika eller egentligheder, der løfter værdien af det regenerative gennem en systemisk forståelse, hvor teorien om autopoiesis[36] (græsk: auto = selv; poise = skabelse), hvor cellen (naturen) er selvproducerende og selvrefererende. Denne systemiske forståelse læner sig meget op ad det regenerative som begreb, men hvor et autopoetisk system selv vælger forandring ved observation og sansning af dets omverden,

---

[36] Autopoiese er et begreb, der blev indført i 1972 af de chilenske biologer H. Maturana (1928-2021) og F. Varela (1946-2001) som betegnelse for det karakteristiske træk ved de levende systemers organisation, at deres eneste produkt er dem selv.
Kilde: https://lex.dk/autopoiese

så har vi som menneskehed interveneret for kraftigt i naturens selvskabelse eller regeneration, så den er kommet ud af balance. Det er en balance, som vi p.t. forsøger at genetablere gennem en famlen i forskellige retninger, der primært er drevet af teknologisk og forskningsmæssig karakter, hvilket egentlig er fornuftigt nok. Men hvad med genopretning af balancen i forhold til regenerativ politik, ledelse, organisation og kultur? På de områder arbejdes der ikke direkte med løsninger, her fortsættes der i samme forældede diskurser og ledelsesparadigmer, og det kan medføre stagnering i handlinger, fordi de ikke bliver regenereret eller nytænkt.

Det betyder at ideer, løsninger og forskning ikke får den nødvendige ledelsesmæssige proces og opmærksomhed, der skal bringe det regenerative frem.

De fem anskuelser har hver især et betydningsmæssigt og meningsfuldt indhold, der gennem synergi kan resonere og bevæge det regenerative system, så det kan genfødes til dets oprindelige livsform med de betingelser, det indebærer for naturen og omverdenen. Derfor kan synergien rent systemisk, etisk og til dels emotionelt også overføres til politik, ledelse, organisation og kultur. Egenskaberne for Den Regenerative Pentagons fem anskuelser beskrives her som:

- Bæredygtighed
- Keredygtighed
- Læredygtighed
- Næredygtighed
- Er-dygtighed

Bæredygtighed

Det at bære det regenerative frem er i betydningen af, at det skal hjælpes, indtil det kan selv igen. Det er også, at det bæres i bevidstheden som en regenerativ egenskab, der er tænkt ind i hverdagslogikken, ledelsen og kulturen, hvor det at bære, ikke er en byrde, men en glæde, fordi det kan skabe værdi for organisationen og ikke mindst omverdenen. På samme måde som f.eks. ledelse ikke skal ses eller mærkes som en byrde, men udføres og bæres frem med generøsitet, ansvarlighed og ydmyghed.

Keredygtighed

Kere - her i betydningen noget, der er højt værdsat, en form for sympatiforståelse og noget man bekymrer sig om.
Det, at der vises kærlighed og omsorg til det regenerative, at der eksisterer en oprigtig bekymring og man vil det med en energi, der ikke lader nogen tvivl tilbage.
Næstekærlighed og barmhjertighed er andre adfærdsformer for det keredygtige, egenskaber der også savnes i ledelse, organisation og kultur, altså en bevægelse væk fra managementledelse mod mere lederskab, fra det

egocentriske mod det heteroentiske. Her er det også i betydningen, at nærvær og forbundethed giver styrke i en organisation.

Læredygtighed

Vi skal lære af vores handlinger og de konsekvenser, de har medført for naturen og dens evne til at regenerere, men også lære af det regeneratives væren og de betingelser det eksisterer på. Vi er ikke gæster i og af naturen, vi er en del af den. Det betyder, at vores adfærd skal ændres og i den optik bliver nødt til at tale om en regenerativ adfærd, som skal kultiveres ind i menneskeheden, som en naturlig værdi for det eksistentielle som menneskehed og som co-eksistentiel værdi og identitet mellem natur og menneske. Her er det oplagt at læredygtighed også skal være en kultivering af både samfund, organisationer og ledelse, for at opnå et eksistentielt forhold mellem hinanden, der giver mening og betydning. Fællesskabsfølelse er et nøgleord her.

Næredygtighed

Her er det i betydningen at være i stand til at mærke efter, evnen til at kunne føle, at være empatisk. Men det er også i forhold til at give næring og muligheder for vækst, at ernære det regenerative, så det blomstrer og trives. Helt lavpraktisk er det viljen til at give naturen dens livskraft tilbage.

Ledelse skal også kontinuerligt tilføres ny næring, det vil sige, at det får lov til at regenerere gennem lederens forståelse af et lederskab og dets egentlighed, som en vigtig del af fremtidens ledelse. Næringen kan f.eks. bestå af nytænkning af ledelse i forhold til ændrede samfundskontekster, uddannelse, dialogbaseret erfaringsudveksling, indre dialog eller protreptik. Det vigtige er, at der bliver skabt en ledelsesmæssig adfærd, der aktivt arbejder på at få ledelse og lederskab til at udvikle sig som noget af det første i en samfunds- og kulturmæssig kontekst.

Er-dygtighed

Betydningen her er, at man "er" regenerativ, at lederen er oprigtigt til stede i det væsentlige for naturen og for menneskeheden, en ontologisk sameksistens, der balancerer som en fænomenologisk egenskab eller begivenhed.

For ledelse gælder det også om at være oprigtigt til stede, og det kan kun gøres, hvis man i sit lederskab er bevidst om alle fire værensidentiteter som en samlet identitet.

Hvis det regenerative perspektiv bliver stimuleret og får opmærksomhed fra de fem anskuelser fra Den Regenerative Pentagon, kan perspektivet være med til at give regenerationen den dynamik, der skal til, for at det kan træde frem som en komplementær ledelsesidentitet sammen med øvrige ledelsesanskuelser.

Det regenerative perspektiv bør under alle omstændigheder have en fremtrædende ledelsesværdi, hvis det skal have en væsentlig effekt på fremtidens regenerative livsbetingelser. I forhold til forandringer i regeneration og ledelse citeres den amerikanske psykolog Clare W. Graves i bogen Spiral Dynamics således:

> *"Når et nyt system eller niveau bliver aktiveret, så ændrer vores psykologi og leveregler sig, for at kunne adaptere til de nye betingelser (egen oversættelse)."*[37]

Med det udsagn bør vi som menneskehed lægge frygten bag os og gøre antrit til at få det regenerative ledelsesperspektiv implementeret.

Det er nærmest naturgivet at for at komme videre fra nuværende ledelsesparadigmer og teorier, er det nødvendigt først at erkende, at de eksisterende paradigmer ikke længere er tilstrækkelige til at honorere de krav som nye udfordringer stiller. Der er altså tale om en epistemologisk tilgang, en proces, der kan betegnes med det græske ord anagnorisis, der betyder "kritisk erfaring, erkendelse eller opdagelse"[38]. Uden den kan en regenerativ ledelsesidentitet ikke opnå sit potentiale.

---

[37] Beck, D. E. og Cowan, C.C: Spiral Dynamics, Blackwell Publishing, (1996), s. 29
[38] Aristoteles Poetikken: Oversat af Dahl, C. og Lech, M. L, Hans Reitzels Forlag (2022) s. 123

Suprageneration

For at komme det regenerative felt nærmere og give det mening i en ledelsesmæssig sammenhæng, er det nødvendigt at konvertere begrebet i forhold til den biologiske definition og udvide det, så det passer ind og giver mening i et lederskab. Ved denne konvertering åbnes der for en mere legitim måde at tale om regeneration på i relation til ledelse.

Ved at oversætte genfødsel eller fornyelse i den biologiske forstand til "opdagelse/erkendelse", der etymologisk har denne betydning:

*"Egentlig 'bringe for dagen', dannet af **op** og en afledning af **dag**, jævnfør svensk uppdaga 'afsløre' og nederlandsk opdagen 'dages, vise sig',"[39]*

- så kan det umiddelbart kobles til den etymologiske betydning af ledelse som beskrevet tidligere, hvor det bl.a. betyder at se sig om, at rejse, der umiddelbart kan sidestilles med opdagelse. Med denne komparation kommer ledelse og regeneration til at være to sider af samme sag. Ledelse har, ligesom regeneration, kun gode vækstbetingelser, hvis det får lov til kontinuerligt at blive genfødt og fornyet, se sig om og gå på opdagelse.

---

[39] Kilde: https://ordnet.dk/ddo/ordbog?query=opdagende

For at hjælpe genfødslen som opdagelsen, så opererer den græske filosof Sokrates (469 f.Kr.–399 f.Kr.) med et begreb der hedder "maieutik" der direkte oversat betyder fødselshjælp[40]. Maieutik går ud på at hjælpe til åndelig forløsning gennem en dialektisk metode. Jeg tillader mig her at sige, at det er en forløber for Aristoteles protreptik. Den åndelige forløsning oversætter jeg i denne kontekst til "regenerativ forløsning", hvor man med den sokratiske dialog har mulighed for at fremkalde erkendelse, altså indse hvad der skal til, for at det regenerative får bedre mulighed for at indhente det, der allerede er gået tabt.

Dette kan bl.a. ske gennem et begreb, jeg har konstrueret der hedder "suprageneration". Suprageneration betyder kort, at man overgenererer eller overkompenserer, og for at sætte det ind i en nutidig kontekst i forhold til både natur og ledelse, så betyder det, at vi udover tiltag til at stoppe den nedbrydning, vi er i gang med, så skal vi også accelerere regenerationen, så den hurtigst muligt kommer tilbage til det punkt, hvor naturen igen regenerer i takt med det liv den indeholder - inklusiv os mennesker.

Maieutikken kan rent ledelsesmæssigt være med til at tale regenerationen frem og frisætte den, så den kan blomstre igen, men vi er nødt til at katalysere processen gennem suprageneration, da vi er bagud i forhold til at rette op på

---

[40] Kirkeby, Ole Fogh: Det nye lederskab, Samfundslitteratur (2010), s.174.

den nedbrydning, som hidtil har fundet sted på forskellige klimatiske områder.

Denne tankegang kræver et ansvarligt lederskabsmæssigt initiativ, hvor der arbejdes med det regenerative perspektiv gennem indsigt og kundskab, så supragenerationen får handlekraft båret af en realistisk og gennemtænkt dømmekraft.

Hvis regeneration skal ind i ledelse som en drivkraft og i lederskabet som en værdi, så skal der handles på det. Det betyder at både handlemønster samt måden at se verden på gennem nuværende kulturer, diskurser, paradigmer og ideologier skal ændres, for ellers opstår den nødvendige forandring ikke. Et er beskrivelsen i bogen her, om hvordan det regenerative perspektiv kan berettiges som en del af det at lede, noget andet er implementeringen, altså dømmekraft, der skal omsættes til handlekraft.

For at eksekvere på det, er det nødvendigt med et nyt mindset, en bevidsthed, der ikke kun anerkender det epistemologiske perspektiv omkring regeneration, men en bevidsthed, der implicit har fokus på udførelse.

Forfatteren John Hardman skriver i sin bog "Leading For Regeneration" følgende:

"Løsningerne på vores problemer kommer ikke af et fragmenteret verdenssyn, baseret på en tankegang af selvtjenende etnocentrisk konkurrence med rod i

overbevisninger og antagelser om virkeligheden og os selv"
(egen oversættelse).[41]

Udsagnet bekræfter det, jeg har nævnt tidligere omkring det antropocentriske perspektiv, eller sagt på en anden måde "den arrogante menneskehed".

For at komme nærmere på en løsning om hvordan regeneration kan blive en immanent del af den eksplicitte og pragmatiske ledelse, kan følgende spørgsmål være med til at kvalificere mulighederne gennem refleksiv kontemplation:

- Hvad vil det sige at "ændre sit mindset"?
- Hvad skal der til, før regeneration kan blive en ledelseskompetence?
- Hvad tilbyder det regenerative, som ledelse kan have gavn af?
- Hvordan bliver vi bedre til at eksekvere?
- Kan epistemologien bruges som afsæt til en ændring i måden, vi tænker på?
- Hvad vil det sige, at et lederskab har regenerative egenskaber?
- Er der sammenfald mellem et lederskabs og det regeneratives egentligheder?

---

[41] Hardman, John: Leading for Regeneration, Routledge 2012, s. 155.

Det er her op til læseren selv at reflektere over disse spørgsmål, som jeg mener, kan være med til at kvalificere eget lederskab og dermed lederskabets egentlighed gennem en regenerativ optik.

Når der tales om regeneration i forhold til ledelse er det vigtigt at huske, at det principielt er en videreførelse af "det samme", men med ny energi, andet syn, anderledes læring, og det skulle gerne give en emergent dynamik.

Der, hvor regenerationens fokus bør rettes mod, skabe nysgerrighed for og intuitivt blive en platform, der arbejdes henimod, er det supragenerative perspektiv. Det sted, hvor man gør sig umage, lader sig udfordre og gør det gode for det bedres skyld - hjælper regenerationen.

Da jeg i sin tid gik på artilleriets sergentskole, var skolens parole "Officium et supra", der blev oversat til "Pligten og lidt til". Denne hensigtserklæring, synes jeg, passer meget godt ind i forhold til det supragenerative perspektiv.

I sin bog "Den filosofiske præstation, citerer erhvervsfilosof Kim Gørtz filosoffen Immanuel Kant vedrørende pligten:

Når vi finder pligtens oprindelse, hæves mennesket samtidig op over sig selv. Pligtens oprindelse er nemlig den uomgængelige betingelse for den eneste værdi som mennesket kan give sig selv.[42]

Princippet om suprageneration

En forudsætning for at forandringer kan ske i begreberne regeneration og lederskab, er, at de påvirkninger, de udsættes for, har en tilpas intensitet og kraft, så det paradigme de befinder sig i, bliver udfordret så heftigt, at forandringen kalder på et nyt paradigme.

Den suprageneration der stimuleres med, vil medføre at regeneration og lederskab får et nyt og bedre udgangspunkt for at kunne respondere og tilpasse sig i forhold til forrige niveau. Med det nye paradigme bliver de regenerative og lederskabsmæssige perspektiver dermed bedre i stand til at honorere de nye krav, som stilles til dem.

For at give det regenerative et fundament at stå på, kan model 3 give en idé om, hvad der skal til, for at regeneration kan forankres i bevidstheden, men også hvad der skal til for at facilitere det.

---

[42] Gørtz, Kim: Den filosofiske præstation, Danmarks Pædagogiske Universitets Forlag (2007), s.85.

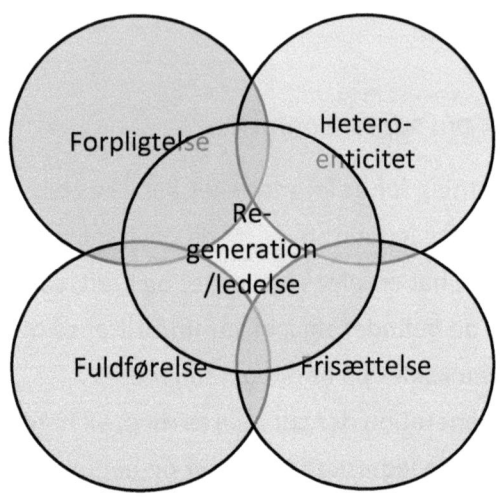

Model 3: Regenerationens cirkularitet.
Figuren er tilvirket af forfatteren.

Det er hensigten, at modellen skal vise at regeneration og ledelse hviler på fire grundlæggende præmisser, hvor forpligtelsen kommer først, dvs. en form for commitment, som et dynamisk mobilt ståsted. Når det er etableret, skal andre involveres og have samme forståelse for projektet. Det er her heteroenticiteten kommer ind gennem fællesskab og forbundethed. Når det er tilfældet, frisættes processen i et kreativt og målbevidst værk, som sigter mod fuldførelsen.

Regenerationens cirkularitet består af fem cirkler, der samlet set har mulighed for at levere det, der skal til, for at regenerationens væren, eksistens og tilblivelse kan ske. Processen, som de fem cirkler leverer, skal facilitere et pragmatisk aktiv, hvor regeneration har mulighed for at blive et meme, et kulturelt DNA, som bruges aktivt for det godes skyld, og fordi man vil det bedste for den verden og den sameksistens, man lever i.

Protreptik som samtalekunst i lederskabets egentlighed

Beskrivelsen af protreptik i dette kapitel er langt fra fyldestgørende i forhold til begrebets kapacitet. Beskrivelsen er kun små nedslag i protreptikken, som jeg finder relevant for ledelse generelt.

At beherske protreptik kræver en særlig uddannelse og mange timers praktiske samtaler, og jeg håber, at det jeg beskriver, kan være med til at motivere og skabe interesse for dialogformen.

Ledelse som dialogisk kapacitet

I eksponeringen af ledelsesmæssig adfærd er måden at samtale på nok den vigtigste, da den dialogiske kapacitet med stor sandsynlighed vil give et billede af lederen og lederskabet i forhold til dets ontologiske identitet, altså måden lederen og lederskabets egentlighed "er" på, og dermed også en afspejling af værdier, indsigt, fremtræden og emotionel intelligens. Den dialogiske kapacitet giver dermed også implicit et billede af lederens handle- og dømmekraft set gennem daglige gerningers omsættelighed af omsiggribende og emergente situationer og måden disse håndteres på. Denne afkodning sker gennem sprogets tilværelse skabt af lederen og dennes egentlighed gennem artikulation, betoning, retorik, diskurs og ekvilibrisme.

I den sammenhæng er det vigtigt at fremhæve, at manipulation på intet tidspunkt må være en del af den sproglige identitet eller diskurs, så kapaciteten udnyttes til egen fordel. Manipulerende retorik er direkte skadelig, utroværdig og illoyal, uanset hvilket begreb eller definition, der hæftes på kapaciteten.

Jeg har allerede nævnt begrebet protreptik et par gange som en aristotelisk samtalekunst, der gennem spørgsmål forsøger at vende mennesket mod det, som er det væsentligste for mennesket selv, og dermed opdage sig selv i et nyt perspektiv.

Ud fra en betragtning om det væsentlige, så mener jeg, at protreptik er et dialogisk samtaleværktøj, der bør indgå på enhver moderne og visionær lederuddannelse, der sigter på ledelse som en fremtidig entitet mellem menneske og leder, men også som en regenerativ tilblivelse af ledelse generelt.

Protreptikken kan gennem sin dialogiske kapacitet samt metode og begrebsapparat være med til at frisætte ledelsesbegrebet og dermed lederskabet, så det får større betydning og resonans som egentligt begreb. Det kan være med til at fremkalde det, der skal til for at se ledelse i et nyt perspektiv for fælles udvikling, forbundethed, nyskabelse og regenerativ egentlighed. Hele den emergens, der ligger i nye opdagelser og erkendelser omkring ledelse, vil også påvirke i-egentligheden, når måden at se ledelse på forandres.

Det samme gælder protreptiske samtaler i en organisatorisk kontekst, hvor emnet der samtales om, vedrører noget væsentligt for organisationen og dens eksistens. Her kan både samtalen og de opdagelser den har medført være med til at kreere en fællesskabsfølelse, der frisætter personalet på en måde, der gør, at de "vil" organisationen, fordi den emergerende væsentlighed kan have transcenderende effekt. Det kan også være, at væsentlighedens fremtræden gør, at man overvejer om organisationens øjeblikkelige tilstand eller værdier, er noget, man ønsker at være en del af. Denne opdagelse og erkendelse er lige så vigtig at få frem, både for medarbejderen og for organisationen.

For at få en protreptisk effekt ind i ledelse er det vigtigt, at ledelse som begreb bliver italesat i og for organisationen, så det begrebsmæssigt bliver nuanceret og sat i perspektiv, med henblik på at åbne op for både divergerende, konvergerende og emergerende opfattelser til fælles refleksion og dialog.

Når bevidstheden om ledelse i nyt perspektiv er blevet et legitimt og naturligt samtaleemne, kan protreptiske samtaler introduceres med henblik på at udforske ledelsesbegrebet yderligere, for at få en fælles retning og forståelse indenfor ledelse af organisationen, og dermed ekstendere lederskabet udover gamle opfattelser og paradigmer.

Hvis lederskab og ledelse fremadrettet skal have regenerativ eksistens, så skal de frisættes og have mulighed for at ånde på ny. De skal så at sige respirere og dermed regenerere. Respiration er som bekendt en fysiologisk proces, der består af både inspiration og eksspiration, hvor inspiration står for fornyelse og udvikling og eksspiration for udtømning af det ikke brugbare, altså en form for renselse, "katharsis"[43]. Et lederskab bør konstant ventileres gennem respirationens re-generatorer - inspiration og eksspiration, og denne ventilation kan fremmes af protreptikken. Ved kontinuerlig respiration filtreret gennem værensidentiteterne, den regenerative proces, den indre dialog og egentligheden, får lederskabet en tidsånd (zeitgeist)[44], der bliver i stand til at være tidssvarende og udstrakt gennem æraer.

Protreptikkens styrke ligger bl.a. i protreptikerens heteroentiske og lyttende forholdemåde, der via oprigtig nysgerrighed, refleksion og undrende spørgsmål, kan give mulighed for, at der bliver åbnet op for det begreb, som er genstand for den protreptiske samtale, så nye perspektiver

---

[43] Aristoteles Poetikken: Oversat af Dahl, C. og Lech, M. L., Hans Reitzels Forlag (2022), s. 123.

[44] The general intellectual, moral, and cultural climate of an era. Kilde: https://www.merriam-webster.com/dictionary/zeitgeist

kan emergere. Det betyder, at begrebet kan blive besøgt fra helt nye relationer, egne, emotioner, eksistens og substans etc., så det kommer til at fremstå med større fænomenologisk kraft.

Med en åbning af ledelsesbegrebet vil en leder også bedre se egentligheden i ledelse i forhold til sig selv som menneske. Det vil gøre, at man bliver i stand til at sætte fokus på det væsentlige og det substantielle i en kontinuerlig synergi mellem menneske og leder - det, som jeg vil mene, kendetegner egentligheden i et lederskab. Det betyder, at der i lederskabet opstår en singularitet, som netop kendetegner i-egentligheden.

"Protreptik kan være med til at frisætte ledelse og lederskab som begreber, så de kan ånde i sig selv, og dermed give dem den resonans, der er nødvendig for den gensidigt afhængige immanens, der er imellem menneske og leder."[45]

Protreptik som samtalekunst

Protreptik kan også beskrives som en ekvilibristisk dialogbaseret samtalekunst, der har "den anden" for øje, i betydningen at protreptikeren er ydmyghedens tjener, men også værdighedens evige aspirant - man skal gøre sig fortjent til den anden.

---

[45] Panduro, J., Lederskabets Egentlighed.

I det begivenhedsbaserede begrebsapparat "eventualerne[46] er det eventualet "heterotelos"[47], der praktiseres her. Med denne indstilling som grundpræmis er der mulighed for, at den protreptiske samtale kan få æstetisk aura, da vejen mod det væsentlige, det der betyder noget, kan opleves som en energifyldt skønhed, når forløsninger tydeliggør nye værensbilleder.

Vi er i samtiden og den samme fremtid, blevet mere og mere fjerne fra den anden og de andre, både fysisk samt i tale, lytten og ikke mindst mærkbarhed. Fænomener som kønsidentitet, fake news, AI, influencere og sociale medier gør det kun værre gennem deres dertil egnede kommunikationsstrukturer og meme-bårne kulturer, fordi vi ikke kan være sikre på, at tilstedeværelsen af den anden er autentisk. Så når autenticiteten bliver udfordret og mødet med den anden bliver erstattet af skærmelig personlighed og påvirkning, hvor egoet plejes og har førsteprioritet, mister vi fornemmelsen for den anden og det heteroentiske begynder at forsvinde. Evnen til ægte nærvær, at være til stede for den anden og andre, bliver stækket og affiniteten

---

[46] Eventualerne er et begrebsapparat, der benyttes i den protreptiske dialog. De er udviklet af professor i ledelsesfilosofi Ole Fogh Kirkeby. Læs mere herom i hans bog Protreptik - Selvindsigt og samtalepraksis fra forlaget Samfundslitteratur.

[47] Heterotelos er det første af de seks eventualer. Hetero betyder "den anden" og telos betyder mål eller ende. I anvendelsen af eventualet betyder det, at man har den anden og dennes andethed som mål og afstår fra sig selv gennem generøsitet.

for andre individer reduceres. Når det sker, hvad er så mulighederne for at opdage hinandens egentligheder - det vi rent faktisk er, ikke kun substantielt, men også i ontologisk og eksistentiel forstand?

Det bliver en deceleration af nærvær og en acceleration af fravær, og denne senmodernistiske tendens, kalder på en etos, der kan være med til at præge denne udvikling, så den ikke så at sige accelererer af sporet og ender i endnu større grad af fremmedgørelse.

Ph.d. og filosof Kim Gørtz skriver således i sin bog: Coaching og Protreptik[48]:

"Det er netop kun frie mennesker, der kan være fremmede for hinanden, og samtidig er det den frihed, som adskiller dem".

Dette udsagn, set gennem en genealogisk optik, viser at mødet med det fremmede, er det der er med til at skabe mennesket, til trods for det paradoks der ligger i det.

Så når vi i mødet med den anden er fremmede for hinanden, så er vi med til at skabe hinanden.

Det er i min optik en vigtig pointe i en organisatorisk sammenhæng, at man er med til at skabe hinanden i en udviklingsmæssig kontekst med fælles mål for øje. For at det kan lade sig gøre, er fysisk tilstedevær og sproget vigtige elementer, og her kan protreptikken være med til at tale

---

[48] Gørtz, Kim: Coaching og protreptik - En dialogisk arbejdsbog for øvede, BoD (2024), s. 98.

det væsentlige frem, så entiteter rent faktisk bliver i stand til at kommunikere uden forsvarsfilter.

Denne fælles udvikling af hinanden kan synes vanskelig i en ledelsesmæssig sammenhæng, fordi der er en uundgåelig asymmetri i magtrelationen mellem leder og medarbejder. Denne asymmetri kan variere, og der er selvfølgelig forskel på, hvor i verden man kigger, i hvilket samfund, organisation og enhed. Hvis vi tager Danmark som eksempel, hvor vi f.eks. ynder at gøre opmærksom på vores lave magtdistance og uhøjtidelighed, hvor meget forbundethed og inddragelse er der så reelt af medarbejdere udover forældede og demotiverende udviklingssamtaler, non-kausale anerkendende dialoger, et MED-system som stort set fungerer som et informationsforum, og hvor medindflydelse og især medbestemmelse ikke har optimale betingelser.

Ordet magtdistance taler også for sig selv, det handler jo ikke om en distance i magt. Den er der uanset, hvor lav man end mener magten er i distancen, og det betyder reelt bare, at alle i organisationen kan tale uhøjtideligt med hinanden, hvilket er en god egenskab, men der er ingen forandring i magten. Derfor er begrebet også misvisende og uværdigt distancerende.

Den uhøjtidelige samtaleform, vi har udviklet i det danske samfund og arbejdsliv, er nærmest et kulturelt fænomen, men det betyder ikke, at man kommer tættere på magten bare fordi man kan eller har mulighed for at tale med direktøren eller borgmesteren, når man møder dem på gangen. Måske kunne begrebet "lav magtdistance" erstattes af: Øget nærvær, ledelse med nærvær, smidig organisationskultur eller respektfuld omgængelighed. Forslagene kunne være mange flere, men også her kunne protreptiske samtaler være med til at tale noget nyt frem.

Når jeg her taler forskellige dialogiske ledelsesværktøjer frem i en kritisk kontekst, så er det fordi, de udgør et godt eksempel på, hvordan ledelse og lederskab hænger fast i gamle paradigmer - ja nærmest sproglige forsteninger. Efter min overbevisning og erfaring med protreptik, så kan protreptiske samtaler eller bare protreptiske fremgangsmåder, godt erstatte især udviklingssamtaler eller anvendes som variation til anerkendende samtaler, coaching eller kreative processer.
At sige at protreptik kan erstatte de fleste former for samtaler er selvfølgelig for vidtløftigt.

Hvis vi ser på medarbejderudviklingssamtaler (MUS), som de benævnes, så er de i virkeligheden kun en status, et forstenet billede på den ansatte i forhold til organisationen. Selve indholdet i MUS-skemaet er fastlåste konforme spørgsmål, der ikke fordrer nærvær. Det bliver nærmest en mekanisk samtale, der gentager sig år efter år uden nævneværdige ændringer. Det kan godt være at organisationen/ledelsen er interesseret i specifikke oplysninger såsom ønsker om kompetenceudvikling eller fremtid i organisationen etc., men disse oplysninger kan tilvejebringes ved udfyldelse af et onlineskema, som kan ligge på medarbejderens personalesag eller i et andet system.

Tænk hvis den ansatte fik mulighed for at tale om det, der er nærværende og væsentligt for denne og for organisationen? Hvordan mon energien og motivationen for samtalen ville være her? Og ville det ikke være en gevinst for organisationen at høre om sig selv gennem de ansattes tankerækker?

Det er det en protreptisk samtale kan, og den vil i øvrigt aldrig blive den samme år efter år, hvis den sker på protreptiske vilkår. Tværtimod vil den ansatte måske glæde sig til samtalen, fordi det også handler om dennes meninger og betydninger i et organisatorisk perspektiv.

"Protreptik kan være med til at holde en organisation levende og agil, og det har massiv betydning for dens overlevelse og udvikling. Det er her protreptik viser sine regenerative egenskaber gennem en undrende eksistens".[49]

---

[49] Panduro, J., Lederskabets Egentlighed.

Prosoché[50]: Evnen til metaopmærksomhed

I protreptikkens processuelle dynamik er opmærksomhed en dyd, og det er også en af eventualerne, der på græsk hedder "prosoché" (opmærksomhedens hexis (tilstand)). Når prosoché her fremhæves i en ledelseskontekst, er det fordi den har en indlejret metakapacitet, hvor opmærksomheden også har en rettethed mod opmærksomheden selv, foruden den anden, sig selv, opmærksomhed på det skeende og modet til at fremkalde opmærksomhed. Det er vigtigt, for når evnen til metaopmærksom beherskes, så vil det lette protreptikerens arbejde i forhold til samtalens flow og anvendelsen af de andre eventualer som begrebsapparat i samtalen. Det handler her ikke om multitasking, men en oprigtig lytten fra forskellige retninger, der kan føre samtalen mod det væsentlige.

I den ledelsesmæssige dagligdag vil metaopmærksomhed også være en fordel for både leder og medarbejder, idet lederen får mulighed for at perspektivere medarbejderen i en større kontekst, end denne normalt ser sig selv i. Det betyder, at opmærksomhed på opmærksomheden kommer til at skabe og skærpe opmærksomheden hos medarbejderen gennem en forbundethed til organisationen

---

[50] Prosoché (prosochí) betyder "opmærksomhed" på græsk. Kirkeby, Ole Fogh, Protreptik – Selvindsigt og samtalepraksis, Samfundslitteratur (2016), s. 434.

og dens kultur. Det vil bibringe et nyt perspektiv og større forståelse for både kollegaer og ledelsen, og dermed også mulighed for at ændre adfærd på baggrund af den nye indsigt.

I dag tales der også om medarbejderkompetencer som "social kapital", og det begreb kan næsten ikke blive mere sigende for det manglende humanistiske ledelsesperspektiv. Det er nærmest en humanistisk reduktionisme, der gør medarbejderen til en form for (social) kapital, som i sin egentlighed er et paradoks. Samtidig afslører det også menneskesynet bag, nemlig det forhold at menneskets kompetencer kun ses som en profitorienteret ressource, og ikke som organisatorisk udviklingspotentiale eller som innovative kvalifikationer og evner, der kan sættes i spil for organisationen og dens ansattes udvikling og fællesskab.

Ved at indføre protreptik som en dialogform forskellige steder i organisationen, vil det humanistiske perspektiv pr. automatik blive talt frem, fordi mennesket bliver set og hørt og det giver en følelse af inklusion. Denne inklusion kan konsolidere tilhørsforholdet så loyalitet, tillid og lyst til at "være med" bliver øget i deres ekstension og intension. Inklusionen kan gennem protreptikken også være med til at udvikle et lederskab, så ledelse bliver mere heteroentisk, det vil sige, udviser ægte interesse for det menneskelige potentiale og frisætter medarbejdere gennem opdagelse, nærvær og tilskyndelse. Denne interesse skal naturligvis ske med henblik på organisationens og virksomhedens udvikling og ikke kun for den enkeltes skyld. Det betyder, at den protreptiske samtale, der altid har udgangspunkt i mennesket, der hvor det er, men her også begrebsmæssigt, vil blive fælles for organisationen som en metode til udvikling og regeneration.

Her er et eksempel på en protreptisk samtales processuelle struktur i forenklet udgave:

Protreptee (den der bliver protrepteret):
Ud-taler et begreb (emne eller begreb, hvorom samtalen har sit fokus).

Protreptiker:
Reception (den rene modtagelse)
Perception (gribelse gennem afståelse af sig selv som en vigtighed - værdiggørelse)
Refleksion (nysgerrighed og undren på ud-talelsen)

Protreptiker:
Taler et spørgsmål ud på baggrund af refleksionen

Protreptee:
Reception (Modtagelse)
Perception (undren og begribelse - elevation)
Refleksion (sammenhæng, forståelse og transmission)

Herefter starter processen om igen i en opadgående spiral, som en udvidende kontekst med nye informationer, opdagelser og indsigt, som giver nye spørgsmål og dermed fremdrift og løft i samtalen.

Samtalens proces og struktur har en dynamisk bevægelse mod den under processen endnu ikke eksisterende "tomme plads"[51] - mod det væsentlige. Det er her, hvor muligheden for åbenbaring eller inspiration kan opstå og er det sted, som Søren Kierkegaard kalder for øjeblikket, som er der hvor tiden og evigheden berører hinanden[52].
Denne øjeblikkets samtidighed har en æstetisk puls, en skønhed, der kan give livet betydning i konteksten, at vi er hele tiden på samme tid, og ontologisk set eksisterer vi i "nuet", hvis vi bliver vendt mod os selv .
Måske eksisterer vi lidt mere i protreptikkens tilstedeværen gennem en tidsmæssig rettethed, der ekstenderer tidsbegrebet. Det vil sige, at tiden står stille i "øjeblikket" når begivenheden sker, som en fornemmelse af tilstedeværen i sig selv et andet sted.

Der er vigtigt at være bevidst om, at der ikke er nogen garanti for, at samtalen ender ved den "tomme plads" og

---

[51] Den "tomme plads" er et udtryk for f.eks. en lysning eller et sted, hvor alting giver mening eller betydning, en form for åbenbaring eller emergens.
[52] Kirkeby, Ole Fogh et al., Protreptik – Filosofisk coaching i ledelse, Samfundslitteratur (2010) s. 107

den store åbenbaring. Den kan også ende i "nærheden af", som noget ikke helt forløst, men stadig være betydningsgivende eller endog langt fra. Det betyder at selve samtalen, dens parter, indholdet, det spørgemetodiske apparat, begrebsanvendelsen, beherskelsen af eventualerne, svarene og intensiteten etc. har betydning for, hvor samtalen lander som en samlet entitet.

"Med den anden og implicit organisationen som omdrejningspunkt i en protreptisk samtale, kan en organisation opnå en stærkere fællesskabsfølelse, da muligheden for at forbundethed kan opstå, hvor fællesskabets immanens er metaopmærksomhed – det vil sige større organisatorisk forståelse af sig selv og sin væsentlighed".[53]

[53] Panduro, J., Lederskabets Egentlighed.

Den protreptiske samtales kropslighed og anatomi

Hvis man anskuer en protreptisk samtale som en trope[54], så er det i princippet protreptees værensbillede, der gennem et begreb bliver til et fælles værensbillede, som via samtalens dialogiske metode og refleksioner bliver dekonstrueret til begivenhedsfragmenter, der har potentiale til at blive et nyt værensbillede, ikke bare en ny konstruktion, men som en ny komposition, altså en form for transcendens. Denne tilblivelse afspejler samtalens æstetik gennem dens intensitet og begejstring skabt af de to entiteter som en forbundet kropslighed.

Selve samtalen har en polariseret cirkularitet, der bevæger sig mellem centrifugalitet og centripetalitet, hvor det centripetale, det midtpunktsøgende, til sidst bliver det dominerende i samtalen, og gerne skulle ende ud i begrebet "den tomme plads" eller "det væsentlige", der hvor kropsligheden er blevet til, og hvor den samtidig bliver ophævet.

Den protreptiske samtale består af protreptiker og protreptee (f.eks. leder/medarbejder), altså to

---

[54] Trope, (gr. 'vending, drejning'), ord i overført betydning. Oldtidens grækere, for hvem digtning og tonekunst var en enhed (*musike*), brugte ordet både sprogligt-retorisk i betydningen 'stil' og musikalsk i betydningen 'toneart' (fx lydisk trope = lydisk skala). I middelalderen blev trope fast betegnelse for billedlige udtryk
som allegori, metafor, metonymi osv.
Kilde: https://lex.dk/trope_-_ord_i_overf%C3%B8rt_betydning

kropsligheder. Lighederne i kroppene kan under samtalen begynde at blive til en fælles krop imellem dem, repræsenteret af samtalen som en begivenhed, en fælles kropslighed, der overfor hinanden eleverer samtalen, der skaber intersubjektivitet med input fra begge forskelligheder, hvor intersubjektivitet[55] kan udtrykkes således:

"Jeg mærker, at den anden mærker. Eller: Jeg ser, at den anden ser".

Dette udtryk afspejler meget godt, hvordan en protreptiker arbejder gennem bl.a. prosoché.
Det sker, når samtalen bliver mere og mere centripetaliseret, og paradokset er, at midtpunktsøgningens endelige sted, der hvor alting pludselig giver betydning, er der, hvor et nyt værensbillede åbner sig, der hvor det endelige og uendelige mødes og bliver ens, ikke identisk, men ens i øjeblikket.

Den fælles krop for begivenheden vil jeg her benævne "samtalens kropslighed", der er repræsenteret som en sfære mellem kropslighederne, hvor hjertet (kardia) og sjælen (psychi) bor, se model 4.
Protreptikkens krop består også af et tredimensionelt begivenhedsplan, der både bor i og uden for kroppen, såkaldte immanente ekstremiteter.

---

[55] Thøgersen, Ulla: Krop og fænomenologi, Academica (2010), s. 99.

Disse ekstremiteter interagerer bestandigt gennem
proprioceptorer via kardia og psychi, og udgør således et
begrebs- og metodeapparat, med en protreptisk
kropslighed.

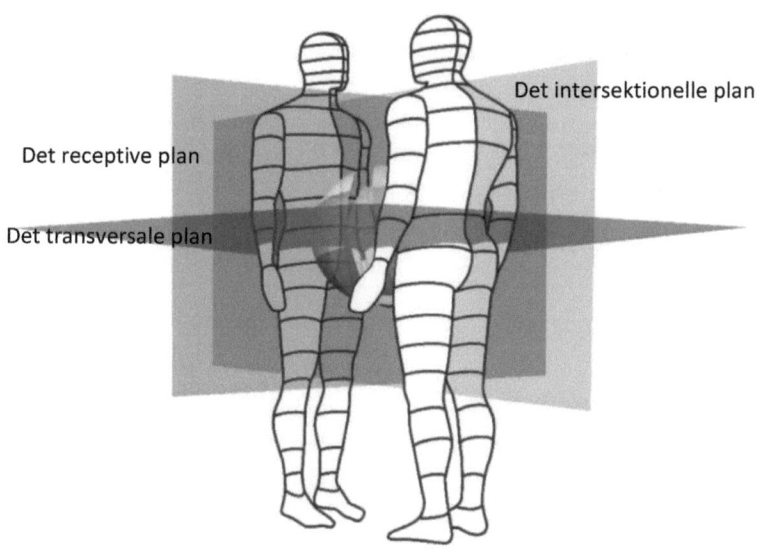

Modellen skal forsøge at skildre protreptikken som en
begivenhed, konstitueret af samtalen mellem to
kropsligheder, der med en fælles kropslighed repræsenteret
af sfæren i midten gør samtalen til en kerne, hvor kardia og
psychi kredser om hinanden. Når og hvis de omfavner
hinanden, er der, hvor den "tomme plads" opstår som et
kærlighedsknus til selvet selv.

Samtalen har mulighed for at bevæge sig i tre forskellige plan, som udgør kroppens og samtalens ekstremiteter. De repræsenterer samtalens flow og dynamik som sammentrækkelige udstrækninger i forskellige dimensioner.

Modellen er:
- gennemsigtig, men har også struktur og dybde
- gennemtrængelig, men bevarer sin hemmelighed
- nærværende, men også fremmedgørende
- inspirerende, men også omfattende
- kropslig, men også emotionel
- i øjeblikket, men også tidløs

Begivenhedsplanet består af:

Det receptive plan:
Deler protreptikkens kropslighed i en for- og bagside.

Begivenhedsområde: Refleksion frem og tilbage, undren og begribelse, fortvivlelse og håb, kamp og overgivelse, påpasselighed og søgen.

Her sker receptionen for den samlede kropslighed gennem spørgsmål og svar. Det er også her refleksionen, bearbejdningen og perceptionen er i proces og hvor det græske begreb (peripéteia)[56], der betyder skift i perception, det vil sige vendinger, alternation og modulationer opstår i

---

[56] Aristoteles Poetikken: Oversat af Dahl, C. og Lech, M. L. Forlag: Hans Reitzels (2022), s. 124.

samtalen.

Det er ikke en nødvendighed, men ofte begynder samtalen i en kognitiv kontekst for at finde fodfæste og skabe tryghed.

Det intersektionelle plan:

Deler protreptikkens kropslighed i en venstre og højre del.

Begivenhedsområde: Polarisering og forening, stagnation og progressivitet, håb og frustration, skarpsind og paranoia.

Her bliver resultatet af processen i det receptive plan repliceret, doneret, givet.

Der er her, der sker retning, og forholdet mellem centripetalitet og centrifugalitet arbejder. Det er også her, hvor der er dynamik, spænding, håb og energi i samtalen og hvor tankerækkerne bevæger sig fra det yderste til det inderste og rettetheden ekstenderes. Det er her protreptikeren både skal skabe åbenhed og samtidig være samlende, men også udvise varsom formningsvilje (eventualet lepsis[57]), så protreptee ikke tabes i ivrighed eller håbløshed.

Det transversale plan:

Deler protreptikkens kropslighed i en over- og underdel.

Begivenhedsområde: Åbning af perceptionen og indskæring

---

[57] Lepsis betyder "modtagelse" på græsk, og i protreptikken anvendes det i formen: Åben, varsom formningsvilje.
Kirkeby, Ole Fogh, Protreptik – Selvindsigt og samtalepraksis, Samfundslitteratur (2016) s. 433

i samtalen, rationalitet og emotionalitet, perspektivering og lysindfald, klarhed og tydeliggørelse.

Det er her de skelsættende opdagelser (anagnorisis) og erkendelser (episteme) sker, som kan vende samtalen fuldstændig (peripéteia), og dermed også der hvor lyset kommer ind og perspektivet forandres, der hvor det væsentlige kan begynde at træde frem på "den tomme plads".

Her skal protreptikeren på et tidspunkt skære ind i samtalen på anstændig vis og med værdighed (eventualet ergon[58]), for at afslutte på det sted, hvor den "tomme plads" viser sin indgang til udgang.

Gruppeprotreptikkens ledelsesmæssige værdi

Der, hvor protreptikken har størst værdi for ledelse og lederskab, mener jeg, er protreptiske samtaler i grupper, her defineret som små enheder (ca. 2-6 personer). Antallet af deltagere skal helst ikke være højere af hensyn til værdien af samtalen, den skal så at sige ikke løbe af sporet med for mange blikke og tanker, så det væsentlige for samtalen går tabt i for meget snak og for mange begreber.

---

[58] Ergon betyder "værk" på græsk.
Kirkeby, Ole Fogh, Protreptik – Selvindsigt og samtalepraksis, Samfundslitteratur (2016), s. 434.

Gruppeprotreptik har den fordel, at den arbejder relationelt og knytter an til en affinitetsmæssig identitet i gruppen. Det betyder ikke, at gruppen som udgangspunkt er identitetsløs, men det enkelte individ skaber normalt selv sin identitet i gruppen ud fra egen optik gennem gruppens diskurs, kultur, samarbejde, ansvarlighed og tillid.

Hvis en gruppe ikke har en form for forbundethed eller fællesskabsfølelse, så bliver det relationelle narrativ ofte et "hvor og hvad hører jeg til" frem for et "hvordan hører jeg til", og der er forskel på de to tilhørsforhold.

Tilhørsforholdet "hvor og hvad hører jeg til" er en passiv dynamik, der afslører, at man som individ ikke er forbundet til gruppen, for den virker for fjern og ikke-inkluderende. Men som en organisatorisk del af gruppen kan det ikke undgås at deltage i den, og derfor bliver tilhørsforholdet en tilpasning og ikke et bidrag, og dermed er der svære betingelser for forbundethed. Dette nærmest identitetsløse tilhørsforhold kan medføre utryghed, manglende trivsel og motivation og søgning efter frisættelse.

I modsætningsforholdet, hvor tilhørsforholdet er "hvordan hører jeg til", er det en aktiv dynamik, der gør sig gældende. Her er der implicit en nysgerrighed, der afslører, at man forsøger at placere sig i gruppen med "hvordan" man kan gøre det bedst i forhold til gruppen, her byder man sig til. Denne tilgang tilbyder tryghed, trivsel, frisættelse, motivation og ansvarlighed.

Ved gennemførelse af en gruppeprotreptik vil de enkelte individopfattelser komme frem som hverdagslogikkens selvfølgeligheder, for det er herfra, de ser verden, organisationen og gruppen. Her vil opdagelsens mægtighed gennem tilsynekomst af forskellige meninger og holdninger være det første, der skaber samtalen, og protreptikeren vil komme på arbejde for at holde styr på begreberne og styre samtalen, så den forbliver i protreptisk sam- og nærvær. Det er vigtigt, idet gruppen formentlig vil være vant til rent dialektisk at bryde med hinandens holdninger, fremfor at lytte og prøve at sætte tingene i perspektiv og dermed løfte samtalen mod noget nyt fælles, en ny forbundethed og væsentlighed gennem fælles opdagelse og erkendelse. Ligesom i "én til én" protreptiske samtaler har den gruppeprotreptiske dialog en etos, der arbejder heteroentisk og vender gruppen mod sig selv gennem ydmyghed og rettethed, så gruppen selv opdager, hvad der har betydning for den/dem. Det er med den forholdemåde, der bl.a. gennem eventualerne giver den protreptiske dialog en egenskab, som ikke findes i mere konventionelle dialoger som coaching og anerkendende samtaler etc.

Min egen erfaring med gruppeprotreptik er, at den er frisættende og værdigivende for både gruppen selv, men også for den organisatoriske kontekst og lederskabet, fordi den skaber en tilsynekomst, der er med til at perspektivere ud over egen hverdagsopfattelse.

I en gruppeprotreptisk samtale kommer der ofte værdifulde oplysninger frem, som normalt ikke ville blive italesat, heller ikke i en udviklingssamtale eller en coachende samtale. Min påstand er, at en af forskellene mellem coaching og protreptik er, at coaching bygger på forsorg, og protreptik tilbyder omsorg. Det betyder, at coaching tager fokuspersonen i hånden og fører denne til målet, hvor protreptikken lader fokuspersonen tage sig selv i hånden og selv finde det væsentlige.

I en gruppeprotreptik er det en vigtig detalje, fordi omsorgen udvider den relationelle identitet.

Når samtalen bevæger sig fremad, og den protreptiske præmis får lov til at "være", så vil protreptikerens oplevelse være, at samtalen kan tage sig selv gennem dyb intensitet, energi, håb, glæde - "vi kan det her som gruppe" etc. Det er her protreptikeren skal forsøge at fastholde momentum gennem bl.a. prosoché (metaopmærksomhed) som nævnt tidligere, men også gennem de øvrige eventualer. Dette for at skabe en omsorg for samtalen samt for individet og gruppen som entitet. Det er min oplevelse, at denne omsorg er med til at frisætte motivere og inspirere både individet og gruppen og som nævnt tidligere, så er inspiration en af respirationens re-generatorer.

Det skal siges, at for at kunne foretage en gruppeprotreptik, så skal man være en erfaren protreptiker.

Her er nogle af de værdier eller opmærksomhedspunkter, som jeg selv har set udfolde sig i gruppeprotreptikker. Værdierne kan naturligvis variere afhængigt af hvilket begreb/begreber, der protrepteres i, men alle er mulige, og andre protreptikere kan sikkert supplere.

- Øget forståelse for identitet i gruppen.
- Bedre fornemmelse for den organisatoriske kontekst, for man skal ikke længere bekymre sig om egen identitet i gruppen - det er lettere at se udad.
- Glæden ved at opdage gruppen og sig selv som ny og skabende identitet.
- Det giver bedre sammenhængskraft i gruppen.
- Forbundetheden løfter hverdagens samarbejde.
- Udefra ses gruppen som en effektiv og dynamisk enhed.
- Det enkelte individ får større arbejdsglæde, og det betyder noget for "life/work-balance" forholdet.
- Den nye identitet i gruppen giver bedre overblik for de daglige opgaver, fordi koordineringen af arbejdsopgaverne bliver lettere, da man har fået en øget forståelse for, hvordan kollegaerne ser verden og gruppen.
- Initiativ bliver en naturlig del af gruppens tarv.
- Orienteringsevnen i en ofte rigid og konform organisationsform bliver lettere.
- Øget socialt nærvær og interesse.

Dette er blot nogle af de værdier, der kan komme ud af en gruppeprotreptik, og som det fremgår, så er de særdeles vigtige i forhold til et lederskab og ledelse generelt, da udviklingen i gruppen er en styrke, ikke kun for dens egen enhed, men også i den organisatoriske kontekst.

"I gruppeprotreptiske samtaler kan protreptikken siges at bestyrke lederskabet ved at optræde som dialogisk agonist, der gennem samtaler skaber et relationelt narrativ, der har mulighed for at influere andre enheder og entiteter".[59]

Protreptik som en væren

Når først man har fået erfaring med protreptikken, kan det næppe undgås, at det også bliver en del af ens egen værensidentitet. Man kan måske også lidt kækt sige, at sjæl og ånd har fået ekstenderet deres identitet i protreptisk retning, en identitet udtrykt som forholdemåde i både mennesket og lederen. Det betyder, at greb fra protreptikken og eventualerne m.m. kan blive en dagligdags måde at føre samtaler på.

Det handler ikke om, at hver gang en samtale indledes, så træder man ind i protreptikerrollen. Det handler om, at man har muligheden for at stille sig undrende og stille nogle

---

[59] Panduro, J., Lederskabets Egentlighed.

lidt anderledes spørgsmål, som måske kan bevæge samtalen i anden retning, end man normalt er vant til. Det skal ikke misforstås, som om en protreptiker har en fordel, det er snarere det, at man tilbyder noget andet ind i ellers konforme samtaler dialektisk set, f.eks. ansættelses-samtaler eller udviklingssamtaler, som jeg allerede har nævnt, men det kan også være anderledes og nysgerrige spørgsmål ved en sammenkomst.

Jeg tror ikke, protreptikken kunne have en eksistens, hvis ikke den blev en form for værensidentitet. Hvis protreptikeren ikke "er" protreptisk af sind, så vil protreptikken ikke lykkes, fordi den ydmyghed og ærbødighed, der ligger i protreptikerrollen, er ikke noget man påtager sig, det er noget man er, det er en dyd (arete)[60], for ellers vil man ikke kunne være i samtalen på den andens præmisser.

Protreptik er altså ikke kun et samtaleværktøj, det er også en væren, noget der identificerer mennesket i lederen og lederen i mennesket - en del af det egentlige.

---

[60] Arete er et græsk filosofisk begreb, der rummer betydningerne dyd, dygtighed og duelighed. Det oversættes almindeligvis med godhed eller dyd.
Kilde: https://lex.dk/arete

Måske kunne professor i ledelsesfilosofi Ole Fogh Kirkebys translokutionaritetsbegreb[61] "Jeg ved først, hvad jeg mener, når jeg hører, hvad jeg selv siger", også bruges om protreptikken som:

"Jeg ved, at jeg samtaler, når jeg mærker, hvad den anden siger".

Protreptikkens opus er lederskabets klangbund

---

[61] Translokutionaritet betyder, at man først ved, hvad man selv mener, når man hører sig selv sige det.
Kirkeby, Ole Fogh, Protreptik – Selvindsigt og Samtalepraksis, Samfundslitteratur, (2016), s. 72.

Epilog

Det er håbet, at essensen af denne bogs indhold eller blot noget af den, kan omsættes til den virkelighed, der passer ind i de forskellige ledelsesmæssige kontekster, paradigmer kulturelle memes samt organisatoriske virkeligheder som læseren befinder sig i.

Det vil være op til den enkelte leder eller organisation selv at vurdere, hvordan det indhold, der findes relevant, kan implementeres, så det giver mening og får betydning.

Det er ikke en let opgave, og det kræver fællesskab og forbundethed, hvori protreptikken kan være med som samtalepraksis, der kan få det væsentlige frem de steder, hvor der opstår udfordringer.

Vigtige processuelle metoder til ledelsesmæssig forandring vil være stimulering af kultur, diskurs og værdier, det man også kan kalde det organisatoriske bindemiddel, der henviser til den forbundethed der hersker i organisationen, og som udgør den interorganisatoriske sammenhængskraft.

Ved at implementere og indtage i-egentlighedens 8 kapaciteter og kontinuerligt arbejde med dem som organisatorisk grundlag for ledelse, så vil muligheden for at udvikle et regenerativt ledelsesgrundlag, der med sin substans vil være åben for forandring, fordi det hviler på en eksistentiel præmis, der ud fra en ledelsesmæssig optik er efterlevelsesværdig, hvis den kommer til live som platform for et lederskab.

Hvis du er leder eller aspirerende leder, når du læser denne bog, så prøv at sætte bogens indhold og budskaber ind i den eller de ledelsesmæssige kontekster du kender til. Ved denne handling vil der komme nye perspektiver frem, der belyser det gældende ledelsesgrundlag, og med det lys kan man vurdere, hvilke af bogens budskaber og indhold, der vil have relevans i den eller de ledelsesmæssige virkeligheder, du kender til.

Denne komparation vil uanset resultat være en sund øvelse for ledelse generelt, da nye perspektiver kan være med til at tale en ny i-egentlighed frem og sætte det ind der, hvor det giver mening og betydning.

Anvendte modeller

Model 1

	Menneske/leder	Ledelse/regeneration
Tese-antitese	Gribe an og i Eftertænken (dianoia) Indre dialog	Griber om Viden (episteme) Ydre kontekst
Syntese	Begribe Visdom (sofia) Øget bevidsthed	Foregribe Ankomst (katarsis) Perspektiv
Hypotese	Gribe af Forestillelse (fantasia) Transcendental	Gribe ud Væsen (eidos) Metafysisk

De to første rækker: Udvikling af værensidentitet gennem intersubjektivitet som en fælles og samskabende dialogform.

3. række: Hypotese opstår som et resultat af række 1 og 2 og kan facilitere en ny intersubjektiv proces.

Model 2:

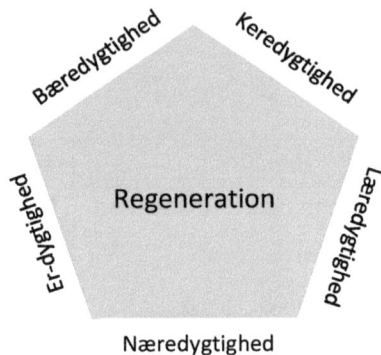

Den Regenerative Pentagon. Modellen er tilvirket af forfatteren.

Model 3:

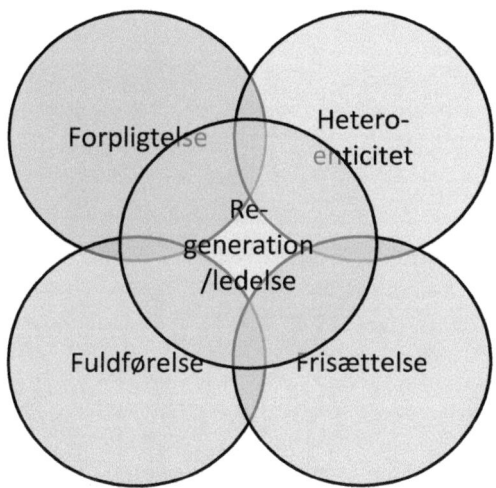

Regenerationens cirkularitet.
Figuren er tilvirket af forfatteren.

Det er hensigten, at modellen skal vise, at regeneration/ledelse

hviler på fire grundlæggende præmisser, hvor forpligtelsen

kommer først, dvs. en form for commitment, som et dynamisk

mobilt ståsted. Når det er etableret, skal andre involveres og have

samme forståelse for projektet, det er her heteroenticiteten

kommer ind gennem fællesskab og forbundethed. Når det er

tilfældet, frisættes processen i et kreativt og målbevidst værk,

som sigter mod fuldførelsen.

Model 4:

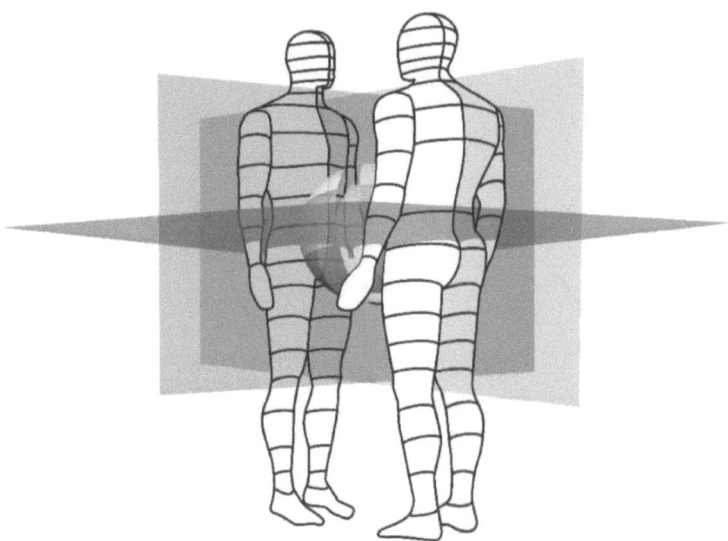

Den protreptiske kropslighed. Modellen er tilvirket af forfatteren.
Grafisk fremstilling er udført af grafikeren Jimmy Machon.

Modellen skal forsøge at skildre protreptikken som en
begivenhed, konstitueret af samtalen mellem to kropsligheder,
der med en fælles kropslighed repræsenteret af sfæren i midten
gør samtalen til en kerne, hvor kardia og psychi kredser om
hinanden. Når og hvis de omfavner hinanden, er der, hvor den
"tomme plads" opstår som et kærlighedsknus til selvet selv.

Litteraturliste

Aristoteles Poetikken.
Oversat af Dahl, C. og Lech, M. L.
Forlag: Hans Reitzels Forlag
2022

Beck, D. E, Cowan, C.C.
Spiral Dynamics - Mastering values, leadership, and change.
Forlag: Blackwell Publishing.
2006

Danmarks Nationalleksikon – lex.dk

Den Danske Ordbog: https://ordnet.dk

Goleman, D.
Ledelse med følelsesmæssig intelligens - udvalgte tekster.
Forlag: Gyldendal A/S.
2014

Griffith, S. B.
Sun Tzu - The Art of War.
Forlag: Oxford University Press.
1963

Gørtz, K.
Den filosofiske præstation – Kritik af den refleksive kompetence
Forlag: Danmarks Pædagogiske Universitets Forlag
2007

Gørtz, K.
Coaching og protreptik- En dialogisk arbejdsbog for øvede.
Forlag: BoD -Books on Demand.
2024

Hardman, J:
Leading for Regeneration.
Forlag: Routledge.
2012

Hutchins, Giles:
Leading by Nature.
Forlag: Wordzworth
2022

Kant, I.
Hvad er mennesket? Undertitel: Antropologi i pragmatisk perspektiv.
Informations Forlag.
2015

Kirkeby, O.F, Hede, T.B, Mejlhede, M, Larsen, J.
Protreptik - Filosofisk coaching i ledelse.
Forlag: Samfundslitteratur.
2008

Kirkeby; O. F.
Det ny lederskab.
Forlag: L&R Business.
2004

Kirkeby, O.F.
Protreptik - Selvindsigt og samtalekunst.
Forlag: Samfundslitteratur.
2016

Latinsk-dansk ordbog: https://latinskordbog.dk

Mckinsey & Company: Lessons from the military for COVID-time
leadership.
https://www.mckinsey.com/~/media/McKinsey/Industries/Public%20and
%20Social%20Sector/Our%20Insights/Lessons%20from%20the%20militar
y%20for%20COVID%20time%20leadership/Lessons-from-the-military-
for-COVID-time-leadership.pdf

Nielsen, N. Å:
Dansk Etymologisk Ordbog
Forlag: Gyldendal.
2008

Olesen, S.G.
Dialog med dekonstruktionen.
Forlag: Museum Tusculanums Forlag.

2006

Pihlgren, A. S.
Sokratiske samtaler i undervisningen.
Forlag: Frydenlund.
2011
Sacchetti, S., Christoforou, A., Mosca, M: Social Regeneration and Local
Development.
Forlag: Routledge.
2018

Thøgersen, U.
Krop og fænomenologi.
Forlag: Academica.
2004